你必須知道的
中國節日 故事

培育
文化

益智館 15

你必須知道的中國節日故事

作者 高君子

責任編輯 潘韻宇

美術編輯 姚恩涵

出版者 培育文化事業有限公司

信箱 yungjiuh@ms45.hinet.net

地址 新北市汐止區大同路3段194號9樓之1

電話 （02）8647-3663

傳真 （02）8674-3660

劃撥帳號 18669219

CVS代理 美璟文化有限公司

TEL／(02)27239968

FAX／(02)27239668

總經銷：永續圖書有限公司

永續圖書線上購物網
www.foreverbooks.com.tw

法律顧問 方圓法律事務所 凃成樞律師

出版日期 2016年10月

國家圖書館出版品預行編目資料

你必須知道的中國節日故事 / 高君子著. --
初版. -- 新北市：培育文化，民105.10
面； 公分. --（益智館；15）
ISBN 978-986-5862-86-2(平裝)

1.節日 2.通俗作品 3.中國

538.52 105015352

前言

節日文化是民俗的重要組成部分，也是中國人確定時間的最好方式之一。老子說：「人法地，地法天，天法道，道法自然。」中國人推測天的時辰，感悟地的規律，遵循神秘的自然指引，播種五穀，蓄養百畜，創造並傳承了璀璨的華夏文明。

節日，以習俗的力量讓人們在同一時間經歷相同的生命體驗，在相同的儀式中感受祖先傳承給我們的尊嚴和歸宿。

猶如大片的流雲飛過瞬息萬變的歷史，照亮了流光溢彩的大地。

古老傳說中的神明們從天上俯瞰，享受著人們恭敬的供奉與叩拜，也有甘心墜入紅塵的仙女或隱居人間的神仙，那是因為，這片土地和這裡的人們，有一種難以言喻的美。

「桃板隨人換，梅花隔歲香」、「清明時節雨紛紛，路上行人欲斷魂」、「三五中秋夕，清游擬上元」……在這些節日的記憶裡，人們往往會找到逝去的歲月，看到熟悉的身影和溫馨的場景。

常常想起小時候的年節，比起現在，氣氛彷彿更濃厚一些。

　　年前跟著父母逛市集，新衣新褲新鞋，全身換新衣，懷裡抱著個玩具鴨子，吃著冰糖葫蘆，心情愉快，連走路都輕飄飄起來。

　　臘月裡鄉村人家要殺豬，小孩子躲在屋裡不敢看，只在窗戶邊上隱隱看到幾個壯漢抽著旱煙，磨刀霍霍，那場景令人既恐懼又興奮。等到家裡煮熟了肉，做好了招待村人的飯菜，孩子們吃得滿嘴油膩膩，全都忘記了之前的害怕。

　　拜年得壓歲錢是幼時最期待的一件事，而除夕夜裡站在大門口看紅燈籠的場景令人記憶猶新。鞭炮又密又緊，蠟燭像個小孩一樣坐在紅房子裡，那微微的紅光照得大門上的門神、春聯和福字都顯得異常神秘。

　　立春要打春牛、吃春餅，那種清脆的蔬菜卷春餅，至今還猶在唇畔回味。元宵節在繁華的都市觀燈，夜色和燈影中，是人們的幸福笑臉。

　　此外，還有清明祭祖、端午吃粽、七夕乞巧、中秋拜月、重陽賞菊、臘八吃粥和小年祭灶等等，每一個節日文化符號都承載了中國人太多的美好記憶。

　　如今我們穿套裝、坐地鐵、上網聊天，但不經意間，還是會顯現出從祖先身上遺傳下來的東西，並將世世代代傳承。對

於中國人而言，無論走到天涯海角，每逢節日，都會引起故國之情和家園之思，正如俄國詩人普希金詩歌中的那份感動：「在異鄉，我虔誠地遵守著祖國的古老風習。」

節日以其巨大的文化親和力，召喚著中國人的心靈，聯繫著民族的集體無意識和信仰，體現著地域文化精神，豐富著中華兒女的精神家園。

如果這本書能讓讀者更加珍惜和喜愛我們的節日，在有可能的情況下，尋回一些沒落的風俗，拾起那些一度丟失的節日熱情，那將是最美好的事情。

春季篇

夏季篇

秋季篇

冬季篇

春季篇

　　孔子說：「仁者不憂。」真正的仁者，內心充滿了愛與溫和，沒有貪嗔癡怨，故無所憂慮。如果說春天是一位無所憂慮的仁者，那麼春天裡的節日便是仁慈的種子，孕育了生命與希望，展示著親切與愉悅、純潔與爛漫。

　　春節有一種引領風騷的驕傲，它穿著華美鮮艷的衫裙出場，鼓動人們盡情地歡樂。拜年串門、吃年酒、迎財神、送窮神。直到正月十五元宵節到來，才徐徐離去。元宵節是一位魔術師，能變出最誘人的花燈和煙火，元宵之夜如同萬花筒一般，照亮並喚起一代又一代中國人的記憶。

　　立春打過春牛、跳了社火，春神句芒白衣臨世，一根手指點綠了大江南北。而後，三足烏飛著背來了中元節，中國人對太陽神的崇拜在中元節達到高潮。仲春二月的龍抬頭正是耕種莊稼的好時機，人們在這天祭祀土地之神，也祈求一年的風調雨順。

　　當花朝節濃妝示人之時，春色正欲繁盛，水墨江山裡的中國，北地兒郎策馬原野，江南女兒俏立花下，共賞蝶舞鶯飛。待到清明，春之節日已至鼎盛，贊別青柳的中國人不忘逝去的親人，踏著茵茵綠草，匍匐於祖先和故人的墓碑前，為他們奉上酒食，送去沾著晨露的野花和內心真摯的思念。

春節

元旦　　明·陳獻章

天上風雲慶會時，廟謨爭遺草茅知。

鄰牆旋打娛賓酒，稚子齊歌樂歲詩。

老去又逢新歲月，春來更有好花枝。

《淮南子·時則訓》中說：「孟春之月，招搖指寅。」夏曆一年的第一個月開始時，北斗七星的斗柄指在寅位上，因此這個月被稱為建寅之月，亦即正月。

正月的開始，預示著天地逐漸轉入正陽，萬物在陽氣的交會運動中復甦生長。正月第一天被稱為元旦，元是初始之意，旦指日子，元旦就是初始的日子。

除夕已過，正月初一才是春節的正式開始，而中國人也認認真真地開始了一歲中的首日，用煩瑣的儀式和多姿的風俗慶祝春節，從舊歲中走向新一年的多彩風光。

歡笑盡娛在元旦

按中國農曆，正月初一是一年的首日，是十二個月的開端，

也是四季的起始。上古時候，人們過年是為了慶賀豐收，也為祭祀祖先和諸神。

漢高祖劉邦建漢七年，長樂宮落成，大臣叔孫通制定了群臣朝賀的禮儀，滿朝文武都在元旦這天入宮參加大朝會，為皇帝奉上禮物，皇帝則賜宴群臣，席間樂聲繚繞，風光喜慶。

三國時，曹操之子曹植曾寫詩描述元旦之會說：「歡笑盡娛，樂哉未央。」唐宋時，不僅百官，外國使節和僧侶道人也可以受詔入宮參加元日慶典。

民間則在這一天祭祖、拜年，做桃符春聯，舞龍燈、唱大戲，極為熱鬧繁華。傳至明清，開始稱此日為「元旦」，百姓俗稱春節或者新年。

在明清時代的北京城，皇宮也好，民間也罷，都在這一天感受著同樣的喜悅。午夜子時過後，皇宮內莊嚴肅穆，空氣中充滿了縹緲的焚香味道。皇帝帶領宗親后妃依次祭拜祖先，然後接神迎歲，燃放爆竹以示敬畏和誠懇之心，其聲響如激浪轟雷，遍於朝野，徹夜不停。宮人將門槓向院內地上拋擲三次，稱為「跌千金」，以祈祝新的一年平安吉祥。

皇帝大擺宮宴，金紅粉艷的妃嬪圍繞左右，內侍們如魚群

般遊走於宮牆大內。珍饈佳餚、玉釀瓊漿自不必說並且一定要飲用一種用川椒和側柏葉浸泡過的益壽養生的藥酒，椒柏酒，吃各式餡料的扁食。為討口彩，後世又稱扁食為更歲餃子，諧音更歲交子。

富貴之家會把金銀小錁或寶石藏在餃子餡裡，平民百姓則在餃子裡包上一兩枚銀錢或者花生棗栗，用以占卜今年的運勢。信運吃到的人便會得到吉兆，新的一年事事如意。

新年伊始，百姓們喜氣洋洋，皇宮裡的慶典更是熱鬧非凡。圖為清朝官員集體拜年的場面，眾人聚在一起互相對拜，叫做「團拜」。

接神之後，王公大臣及百官均入朝朝賀。皇帝會賞賜八寶荷包給重臣，御前侍衛也常常獲此殊榮。之後便是盛大的朝會：音樂、歌舞、雜技、魔術……百官除了一飽口福之外，還能觀賞文娛節目，君臣同聚一堂，其樂融融。

　　朝賀之後，無論是王公貴族還是平民百姓，都要在這一年中最重要的一天走訪親友拜年，謂之「道新喜」。哪怕是久未聯繫的遠親疏友，在這一天的拜訪都會增進彼此之間的情誼。過年，祝福自然是越多越好，收到祝福是吉祥的，送出祝福也同樣重要。新年賀禮和親切寒暄體現了血脈的永恆聯繫、祖先的倫理囑託和社會圈子的穩固更新。

　　新年中的第一個清晨，女人們五更時分便會起身熱灶，為全家準備豐盛的節日美食。在北方，除夕夜裡未吃完的餃子一定要留下備煮，那是為了取「有餘」的好兆頭。南方人則愛吃加了白糖、豬油、玫瑰、桂花、薄荷等配料的糯米年糕，不僅做工精細，香甜軟糯，還象徵著好日子年年高升。

　　待到各家的大門一開，男人們便在庭院和門前點燃爆竹，迎接喜神。據說哪家開門開得早，喜神就愛往哪家去，而燃爆竹則是為了嚇跑山魈惡鬼，辟除邪惡。

　　據史籍記載：西方山中有一種怪物叫作山魈，高一尺多，一隻腳，生性不懼怕人。看見有人露宿野外，就偷吃人們烤炙的蝦蟹，若觸犯了牠，牠就讓你發冷發熱，生起重病。如果把竹筒子放在火中燒著，發出辟里啪啦的聲響，山魈就會被嚇跑。

古時的爆竹，都是以真竹子點燃，使其發出聲音的，所以人們也稱爆竹為爆竿。

《詩・小雅・庭燎》就有「夜未艾，庭燎晢晢……夜鄉晨，庭燎有輝」的記載，古人在院子裡點燃用竹竿做成的火把，到了天明的時候光芒才漸滅。唐初時，開始出現了內裝硝石的爆竹。

到了宋代，民間普遍用紙筒和麻莖裹火藥編成串做成「編炮」，即鞭炮。明清時的爆竹花色越發繁多，燃放後，紅紙滿地，人們稱之為「滿地紅」。

除夕夜裡守歲時熬不住睏的孩子被窗外的爆竹聲驚醒，揉著惺忪的睡眼，猴急地穿上媽媽疊放在枕邊的新衣，摸一下枕邊，確定長輩們給的壓歲紅包穩穩地躺在那裡，這才心滿意足地跳起來，顧不得吃飯，只咬著一塊軟糯的紅豆年糕，邀了四鄰的夥伴去各家大門口撿拾未燃盡的花炮，點燃父母特別買給自己的煙花來炫耀。

年紀小些的孩子跟在大孩子的身後，拍手唱著京城童謠：「十冬臘月好冷的天兒，縮著脖子抱著肩兒。進茶館兒，靠爐台兒。找朋友，借倆錢兒。又買米，又買鹽，又娶媳婦又過年

兒。」眾孩童正玩鬧之時，一陣鏗鏘喧鬧的鑼鼓聲吸引了所有
人的注意力：那是街上舞獅子、舞龍燈的隊伍。

舞獅子的人本身就是高超的雜技演員，攀爬到數十米的檯
子上卻穩而不倒，令人驚叫連連。金彩閃耀的舞龍人，領頭的
人舉著龍頭，後面的則舉著龍身子，左右翻轉騰挪，忽而躍起
如「飛龍在天」，忽而俯首如「潛龍入水」。一個手持綵球的
人引龍玩耍，稱為「龍戲寶珠」。

在緊密的鞭炮聲和人們的叫好聲中，場面越發熱鬧奔放起
來。鄉村裡也耍龍燈，龍燈耍到哪家的門口，主人還要給紅包
和禮物。有的人家還專門請耍龍燈的來家裡，圍著新過門的媳
婦轉一圈，將龍身縮短呈麒麟狀，頂著一個白胖的小娃娃騎於
其上，這叫作「麒麟送子」。

媳婦們伺候公婆盥洗後，全家老小端正穿戴，依次祭祖祀
神，慶賀新春。先拜天地，再拜祖先，男女老幼依次給長輩祝
壽拜年，之後互拜。主婦拿出一個裝著青柏枝、柿子和橘子的
盤子，全家分享果品，取「百事吉」的祥瑞諧音。

喝過桃湯水，飲畢屠蘇酒，吃完膠牙糖，新衣新鞋穿戴打
扮妥貼之後，人們便要出門拜年了。元旦的禮盒花樣不少，如

老北京的百事大吉盒兒，裡面裝著醃雞臘肉、糟鹵魚、雞爪鹿脯等熟食。還有柿餅、荔枝、龍眼、栗子、熟棗等果品，也有「驢頭肉」，用小盒包裝，稱為「嚼鬼」。

　　一路走去，熟人們彼此依輩分作揖還禮，生疏的也要互道一聲吉利話如「春節好」、「新禧納福」、「恭喜發財」，俗謂「開口果子」。若在路上見到長輩，就算坐在車裡，也要立刻下來在路當中叩頭拜年，長輩會依照年齡和親疏關係給或薄或厚的紅包。

中國人串門拜年，不僅是習俗也是一種禮數。一張拜年貼，幾句問候和祝福，在新年的喜慶中拉近了人與人的距離。

　　一路上爆竹聲不絕，賣瓜子的解悶聲、賣江米白酒擊冰盞聲、賣合菜細粉聲，混雜在一起，悅耳美妙又熱鬧喜氣。孩子們呼啦啦地結伴跑過，每個人頭上都戴著烏金紙做的「鬧蛾兒」（明代以來為慶賀元旦而專制的頭飾），有飛蛾、有蝴蝶，也

有螞蚱。更有富貴者，滿頭皆是，令眾人眼花繚亂，不能辨別。

　　拜年要去的第一家當然是岳父母家。禮物也是五花八門，憑個人財力量力而為。至親之間的拜年比起僅為禮儀形式的拜訪，自然要更舒服一些。主人慇勤留飯，客人也不推辭。

　　如果是一般的街坊朋友或者上司同僚，稍坐片刻就要起身告辭，不少士庶之家只互贈拜年帖（寫著官職、籍貫、姓名、住址和祝福語的賀年名片），有錢人家的拜年帖還要裝到精緻的匣子裡送去，所以也叫拜匣。這種拜年之風盛於宋朝，明清時代更為流行。

　　這種拜年的方式不僅表達了新年的問候和祝福，也省卻了迎來送往的麻煩，現代的賀年卡正是這種拜年帖的傳承。不少地方官員為「孝敬」上司，不辭辛勞，雖相距千百里也不惜往來奔波。

　　在舊時的京城，招待親朋的賀節飯也豐富異常。主人家的媳婦們用不了多時便依次在桌上擺開豐盛的菜色。鏤花繪果甜香撲鼻，美觀大方。什錦火鍋裡，從山珍海味到白菜豆腐，無所不納。

　　湯點有青韭滿餡包、鵝油方補、豬肉饅頭和江米糕，下酒

菜則是開河魚、看燈雞、海青螺、油煎肉三角、雛野鶩並各色時鮮小菜，更有桃杏瓜仁、栗棗枝圓、楂糕耿餅、白子崗榴，秋波梨、蘋果、青枝葡萄、獅柑鳳橘、橙片楊梅。

老泰山頻頻招呼女婿喝酒吃飯，兒子女婿則恭敬慇勤，孫子孫女活潑乖巧，哄得祖父祖母笑不攏嘴。待到夜幕降臨，橘色的燈火中，一家人團團圍坐，吃著瓜果零食，聊著家常，講著笑話。孩子們看過煙火，趕著回來聽祖母的老故事，絢爛的煙火與久遠的傳奇相互融合，深深地印在了每一代中國人的記憶中。

這樣的天倫之樂出自佳節酒席中的笑語，出自每一家親朋團聚的歡樂，出自萬家燈火的溫暖，也出自中國人對新一年的暗暗期許和對祖宗規矩一絲不苟的傳承。

元旦這一天的祭祀儀式、心照不宣的吉利話、約定俗成的風俗禮節和對豐美食物的精緻烹飪，無不顯示著中國人性格中的嚴謹、精明、內斂和細緻，他們尊重萬物，接受挑戰，享用美好，以克己復禮的姿態和溫潤如玉的個性造就了不一樣的新年狂歡。

文武財神

　　初二仍延續著元旦的熱鬧，但人們的神態間多了一點舒適和慵懶。繁忙應酬的父親仍要出門拜會親朋，母親則暗自教訓不守禁忌的孩子，要說好話兒吉祥話兒，不可以說「破」、「死」這類不吉利的字眼兒。

　　這一天的主要任務是祭財神。北京人的家宴中必有餛飩，也叫「元寶湯」。孩子們也感染了節日中祭拜儀式的莊嚴，依長幼次序而坐，等待著母親的分配。餛飩的形狀很像元寶，母親一邊念叨著「招財進寶」，一邊用湯勺把餛飩盛在碗裡。哥哥說：「豬肉韭菜餡的！」妹妹說：「不對，羊肉白菜！」祖母笑著說：「韭菜能久財，白菜得百財！」

　　民間所祭的財神，大多是從香蠟鋪購買：有木刻的「增福積寶財神」比干，也有「黑虎玄壇」趙公明元帥的紙像，還有不少店舖作坊供奉關聖帝君。

　　買的人要說「請」財神回家，以示恭敬。一些貧困人家的小孩子，為趁此機會賺點零用錢，便扮成財神向各家各戶兜售，在門口大呼「送財神爺來了！」願意要的，付一兩枚銅板便能請回一尊。如若不想買，也不能說「不要」，要答「已有」。

孩子們眼中的財神，是堂室內張掛的神龕木版刻或水彩紙像中錦衣玉帶、冠冕朝靴、臉色白淨且面帶笑容的形象，也是老人們口耳相承的民間傳說。在中國的神話當中，掌管財富的神祇出現比較晚，最早也只能追溯到宋代。

民間崇拜的財神並不僅只特定一人，有正財神、偏財神等分別。在各尊正財神之中，以文武財神較為人所熟知，文財神通常是指比干、范蠡，武財神則是指關羽、趙公明。

關羽

關羽並不愛財，卻被尊為財神，的確有點不可思議。《三國演義》中的關羽，得到曹操賞識，曾經享受榮華富貴，頗有積蓄，但他毫不在意，為了「義氣」兩字，對曹操所賜財物分文不取，千里走單騎，護嫂尋兄，義薄雲天。

民間傳說中的關羽不僅是個大英雄，還經常散財給窮苦百姓。因這個「義」字，也因他的散財於民，人們將他奉為財神。

趙公明

明代的通俗小說《封神演義》中，趙公明協助聞太師抵抗周軍的進攻，被姜子牙用厭勝之術殺死，在封神台上受封為「金龍如意正一龍虎玄壇真君」之神，為中路正財神。相應的偏財

神則為東路財神招寶天尊蕭升、西路財神納珍天尊曹寶、南路
財神招財使者陳九公、北路財神利市仙官姚少司。

　　中國人的五行觀念影響深遠，認為天地廣闊，財寶當然也
要按方位分佈。拜五路財神，就是收盡東南西北中五方之財的
意思。

關羽生前為人忠勇，死後被奉為神，在民間享有很高的聲望。他
不僅成了典當、算命、香燭、桑蠶、絲織、糕點等行業的祖師爺，
也是武財神之一，守衛著人們對忠義和財富的夢想。

比干

　　比干是商紂王的叔父，因直言進諫而被挖心。由於先前姜
子牙離開朝歌時，曾去比干相府辭行，見比干氣色晦暗，知其
日後必有大難，便送比干一張神符，叮囑在危急時化灰沖服，
可保無虞。

　　比干入朝前已知有難，便服飲姜子牙所留符水，故在剖心

後並未死去。比干被剖心後成了無心之人，正是因為無心無向，辦事公道，所以被後人奉為文財神。

比干的神像為文官打扮，頭戴宰相紗帽，五綹長鬚，面目嚴肅，臉龐清秀，手捧如意，身著蟒袍，足登元寶。

范蠡

而另一位財神——陶朱公范蠡，大概是最具有財神氣質的一位。范蠡是春秋末期輔助越王勾踐的名臣，在成功滅吳雪恥之後，毅然離開了可共患難不可同安樂的越王勾踐，隱名從商，富可敵國。

後世的生意人把范蠡奉為財神，他進退得宜、不執著於名利的處世態度，出神入化的聚財能力正符合中國人富貴逍遙的人生理想。

民間的祭財神活動由一家之長主持，全家同拜。祭品主要為雞和活鯉，取「吉祥如意」和「吉慶有餘」的寓意。供在桌上的還有聚寶盆、紙元寶等手工藝品，寓意富貴發財、聚寶得財。王府宅門和紳商富賈在供品上則更為講究。

大商號在歷年祭財神時都用五宗大供：一是整豬或者用豬頭、前後爪、尾巴象徵性地代表全豬，二是整羊或者用羊頭、

前後蹄、尾巴象徵性地代表全羊，三是整雞，四是整鴨，五是紅色活鯉魚兩條，用紅綠線拴上，供在正中央，稱「一魚二龍」，有借水得財之意。

然而，僅在家中祭財神還不能滿足所有人的致富心願。天剛破曉，街市上祭財神的爆竹聲就會響成一片。街道上車水馬龍，有錢人駕馬車、轎子車，一般人家騎著驢，還有的人乾脆步行，大家都朝財神廟奔去。

一些富裕人家的家眷會從車窗往外撒銅板，表示進香的路上大做濟貧的善事。更有三更半夜便起床等候在城門口的人，好等到開城門後去給財神爺燒「頭炷香」。

中國人認為：舉頭三尺有神明。門神、財神、喜神、灶神、井神、床神、廁神……等。在每一時刻，每一地點，都有不同司職的神明在注視著我們，默然無語卻明察秋毫。對於這些無所不在的神明，用豐厚的祭品表達虔誠自古使然，多費些辛苦去廟中祭拜似乎也是不錯的辦法。

祭品越是豐盛、所耗辛苦越多則越顯誠心，神明便越會眷顧。在中國人的心中，世俗人情也同樣適用於神仙，節日是人間歡欣慶祝的理由，也是對天上神明表達恭敬虔誠的最佳時機。

初五送神

初五也被稱為「破五」。這一天，民間有送窮神、趕「五窮」（即智窮、學窮、文窮、命窮、交窮）的風俗。

天還未大亮，紫藍和碎金色交織的晨曦中，偶爾傳來幾聲狗吠，睡夢中的北方村莊靜謐而祥和。父親取了一些爐灰放進筐裡，拿著妻子事先剪好的紙婦人，一齊送到大門外面，焚香之後放花炮炸掉，叫作「送窮神」。

母親將鮮肉放在鍋中炙烤，使其滋滋作響，又爆炒麻豆，令其劈啪有聲，寓意去除窮氣，求得財運。民間傳說，窮神本是姜子牙的妻子，這個婦人生前懶惰刁蠻，死後在封神榜上勉強封了一個窮神的名號。民間對這種不賢的女子向來不客氣，何況誰也不想受窮，因此在喜氣的節日裡，令人生厭的窮神自然是必得趕出去方能罷休。

在紅板長橋、烏衣小巷的江南，這一天與窮神無關，而是迎接路頭神的好日子。「五日財源五日求，一年心願一時酬。提防別處迎神早，隔夜匆匆搶路頭。」人們爭相早起，敲起金鑼，擺上供品，迎接路頭神。誰先接到，誰就得到利市。

在中國蘇滬一帶，因為商業發達，貨物的往來流通無不倚

仗便利的交通，物暢其流，便也財運亨通。故此，傳統的道路
之神也肩負著財運之神的職能。

　　黎明剛至，京城街市上的爆竹聲便響個不休。新嫁的女子
面若桃花，神態中頗為期待。初五過後，女人們的禁足便宣告
結束，滿街香車繡帳，王妃貴主以及各官宦世家冠帔往來，互
相道賀，民間女子可以歸寧小住。媳婦們已經很久沒見到娘家
父母了，公婆和丈夫也頗能體諒，幫著媳婦打理回娘家要帶的
物品。

按照中國傳統，大年初五是破除禁忌的日子，商家在這一天可以開門
營業了。開門時往往要放鞭炮，為的是迎神、驅邪，保佑新的一年生
意興隆。

　　初五忌生米為炊，餃子一定要做成「花邊形」，俗稱「捏
小人嘴」，目的是為了防止來年小人撥弄是非。吃切麵稱「切
五鬼」，也是去除窮氣之意。街上的商戶還在休業過年，門板
上掛著繪有《桃園三結義》、《三請諸葛》、《水泊梁山》、《濟

公傳》等連環畫的窗簾，引得過路的孩子們駐足觀望。

一般來說，過了破五，很多禁忌也被打破，年禧就算過去了。次日清晨四點多鐘，油鹽店、綢緞莊、乾果店裡，掌櫃的帶著夥計們上香叩頭，再把神像請到街上燒掉，稱為「送神」。商戶在爆竹煙火氣中正式營業，「開市大吉，萬事亨通」的大紅對聯顯得格外喜慶悅目。更有財大氣粗的商家和富戶，買了數量驚人的煙火放上一整天。

那些極盡工巧的煙火，花樣繁多。有一具錦盒內裝成數出故事的，有人物形象，翎毛花草，曲盡妝顏之妙，直引得大人小孩圍著目瞪口呆，喝彩聲迭起。爆竹有雙響震天雷、升高三級浪等名色，那種不響不起盤旋地上的叫作「地老鼠」，還有霸王鞭、竹節花、泥筒花、金盆撈月、疊落金錢等，種類繁多，難以悉舉。

街頭上推著車或挑著擔的商販，當著大傢伙兒的面放一些「大梨花」、「千丈菊」的煙火吸引買家，一邊叫著「滴滴金，梨花香，買到家中哄姑娘」。

無論是送窮神還是迎路頭神，都表達著中國人趨吉避凶的心願。與普通的泛神論不同，這些職司各異的神靈，被中國人

賦予了各自獨特的性格，表達著人們內心不同的感情和敬意。

西方哲人卡西爾說，神話是一個民族集體的夢。在中國，人們用燦如煙花般的神話傳說和民間故事點綴著生活中的時時處處，將神話傳說、歷史人物與生活習慣巧妙融合，形成了別具特色的節日信仰。

人日

初七天氣清澈澄明，沒有一絲雲彩。祖父捻著鬍子笑道：「初七清明，人生繁衍。」這一天之所以叫「人日」，與女媧造人的傳說有關。

東方朔占書上說：「歲後八日，一日雞，二日犬，三日豕，四日羊，五日牛，六日馬，七日人，八日穀。其日晴，則所主之物育，陰則災。」女媧前六天造了雞狗豬羊牛馬等動物，第七天造了人，由此，正月初七也被稱為人日。

這一天天氣清明的話，有益於人的繁衍。《荊楚歲時記》中說，人們這一天在西門前呼喚牛馬雞畜，並且把粟和豆子拌在灰中，撒在屋內，說是用來招回牛馬。

主婦們用七樣菜做成菜羹，又把五色綢或金屬薄片剪成人

形，貼在屏風上，也有的戴在鬢角處，取意平安。荊楚有姐妹姑嫂妯娌之間製成花形首飾互相贈送的習俗，也有三五文人雅士在這一天相邀登上高處，吟詩作賦。

老子說：「道大，天大，地大，王（亦作人）亦大，域中有四大，而王居其一焉。」人類存在於天地萬物之間，不停地求索奧秘，最終答案指向永恆不變又永不止息的「道」。

人固然是域中四大之一，但中國人在很多習俗中將自身和萬物相聯繫，在風俗中與萬物並駕相諧，征服自然的同時更尊重自然，正是「道」之智慧的潛移默化。

諸星下凡塵

初八是中國道教傳說中諸星下界的日子，據說每人每年都有一位值命星宿，叫作「流年照命星宿」，人一年的運勢如何就由這些天上的星宿掌管。而每年的正月初八，正是這些星宿聚會之日。

黃昏之後，各家各戶燃起一百零八盞燈花以應天象，等到天上星斗全出，便在井灶、門戶、砧石處遍散燈花，焚香禱祀。夜色中的燈光，柔美如秋螢之火，浪漫如天上星辰。平常的人

家點一夜燈即可，也有豪門富戶，連續四夕都燈火通明，極盡氣派景象。

這一天的道觀和寺廟香火都很旺盛。虔誠的信徒在這一天進廟上香，或者去道觀「順星」，找到自己的本命星宿和當值星宿上香、磕頭、佈施，祈願一年順遂。

一些道觀中設有「十二星宿殿」，自有「迎順星」、「點星宿」的故事。那些雲鬢蛾眉、腰如約素的年輕女子按照自己的芳齡，向星宿虔誠進香。櫻口喃喃，求神明保佑父母身體康健，自己早得如意郎君。

進香之後飄然而去，引得一眾香客目不轉睛，流連忘返。看來這些道觀也如西湖邊上的月老祠，要管一管姑娘們的終身大事了。

一些寺廟還舉行迎祥驅祟的打鬼儀式。戴著黑白頭盔、穿著彩色衣服的小番僧手拿彩棒在前引導，隨意揮撒著白沙。掌教的大喇嘛穿著黃色的錦袍，一手持缽，莊嚴地坐在車上，旁邊的侍從喇嘛扮成天神天將，拿著各種法器圍繞左右。眾僧人手拿曲錘和柄鼓，繞著寺廟周圍鳴鑼吹角，演唸經文，驅除邪魔。

古代中國人的正月，毒蟲猛獸出沒人間，妖魔鬼怪也時而橫行。對於古人來說，正月寒冷難耐、食物匱乏，充滿了危險，以巫儺或者法事才能消除邪祟，以保平安。

如果說過年的歡樂在初一、初五達到頂峰，那麼初七、初八的巫儺儀式則深刻表達了遠古祖先對這一時節的敬畏，連椒柏酒、桃湯、五辛菜也言傳著祖先們處處趨吉避凶的社會記憶。

民間故事中面目猙獰的怪獸，《荊楚歲時記》中家家捶床打戶、滅燈燭以驅除的鬼鳥（既像燕了，又像貓頭鷹，黃昏入夜後出來活動），《玄中記》中在正月裡夜行擄走小兒的姑獲鳥（傳說中的鬼神類，衣毛為飛鳥，脫毛為女人），都是這些記憶源頭的片段。

在人類尚與蠻荒自然抗爭的時代，很多節日是為了生存而產生的。時至今日，節日從單純的節氣、原始的巫儺祭拜和禁忌氣氛中解放出來，成為了「柏綠椒紅事事新，隔籬燈影賀年人」這般慵懶而鮮亮的佳節良辰。人們已擺脫了原始傳說中的畏懼，以主宰者的身份去慶祝節日、享受節日，抒寫神州大地上的人物風華天賦和繁榮笙歌歲月。

立春

漢宮春・立春日　宋・辛棄疾

春已歸來，看美人頭上，裊裊春幡。

無端風雨，未肯收盡餘寒。

年時燕子，料今宵、夢到西園，

渾未辦、黃柑薦酒，更傳青韭堆盤。

卻笑東風從此，便熏梅染柳，更沒些閒。

閒時又來鏡裡，轉變朱顏。清愁不斷，問何人、會解連環？

生怕見、花開花落，朝來塞雁先還。

在中國，人們對春天到來的訊息有著不同的定義與回應。辛棄疾的一首《漢宮春》，文風清婉，顏色鮮明，事物生動，寫盡立春時的人間萬物，婀娜姿態。唐代王之渙的《涼州詞》中，「羌笛何須怨楊柳，春風不度玉門關」之句，則盡顯蒼涼壯闊的異域風情。不管在何處，不論以何等面貌，「春」總是能夠帶來驚喜，喚起詩意。

《爾雅・釋天》中說：「春為青陽，春為發生，春秋繁露。春者，天之和也。又春，喜氣也，故生。」民諺云：立春一日，

百草回芽。在寒冷即將被陽光和新生命驅趕出境的過渡時光中，立春是天地與人們約定的一個特別日子：「東風從我袖中出，小蕾已含大上杳」，當詩人感受到立春的和煦東風，聞著花蕾的陣陣幽香時，北方的冰雪也在不知不覺中消融。

蟄居的蟲類慢慢在洞中甦醒，愜意地四處窺探。游弋在溫暖深水中的魚兒自得其樂地搖著尾巴，偶爾濺起雪白的水珠。樹木如同神話中被解開咒語的少女，在情人手指般的陽光中重新孕育嫩綠和美貌。

淡藍色的天際揮灑著縷縷金絲，遠處，幾隻安靜的黑烏一言不發地站立著。農人們稀疏地散於田間地壟，聽紅袍紗帽的說春之人講一段「黃牛書」的催耕吉利話。

迎春之「禮」

早在遠古和上古時期，中華大地便傳承著以立春日前後為時間坐標，以春耕和春牧為主題的農事節慶活動。《大戴禮記‧夏小正》中記載：「初歲祭耒。」耒是一種原始的手耕農具，祭耒指的是春耕前祭祀農具之神。

周朝的立春祭奠儀式稱作籍田禮，是向地神祈求豐年的典

禮。在立春之前的九天，太史通過後稷轉告天子，天子告誡百官和庶民，築壇於耕田內準備祭祀地神。

　　在立春前五天，天子及百官均需齋戒三天，在這期間，天子要沐浴，飲酒壯陽。立春之日，天子將鬱金香草摻在祭祀的酒中，並以這種象徵著陽水、香草酒灌入土中。然後天子象徵性地開始耕地，百官們紛紛傚法，最後由庶人將這塊地耕種完成。這之後天子及百官象徵性地食用一點祭祀酒肉，春耕籍田的儀式便完成了，剩下的酒肉就讓農人們盡情享用。

　　由此可見，古時迎接「立春」的儀式是由天子親力親為。到了東漢時，「立春之日，迎春於東郊，祭青帝句芒。車旗服飾皆青，歌《青陽》，八佾舞《雲翹》之舞。」立春前三日，天子開始齋戒，到了立春日，親率三公九卿諸侯大夫，到東方八里之郊迎春，祈求豐收。

古人迎春，不僅僅是迎接一個季節的到來，也是為一年的農耕活動揭開序幕。到了明清時，迎春儀式成了官民同樂的活動，整個過程十分熱鬧歡快。

及至宋代，「立春日，宰臣以下，入朝稱賀。」迎春活動已經從郊野進入宮廷，成為官吏之間的互拜。而到了明清時候，迎春從天子主持的莊嚴儀式變化為由官家組織、百姓共同參與的歡慶活動。

在立春的前一天，皇都京城的郊外就會走來浩浩蕩蕩的迎春隊伍。大京兆身穿紅衣，迎旗前導，神情莊重而愉快。緊隨其後的隊伍是預示豐收的田家樂：春夢婆一人，春姐二人，春吏一人，衙役二人，春官一人。

然後便是用彩亭抬著、端身而坐的春神句芒和披紅掛綠的彩繪春牛。之後是尚書、侍郎、府尹、縣丞及各輔佐隨行官員，以及長壽多福的耄耋老人、才學淵博的學官儒士。

威嚴的官員們騎著馬，簪花披紅，在喜慶的儀仗鼓樂聲和百姓的歡呼雀躍聲中緩慢前行，如同在神明的引領下檢閱春天。

到了立春日，京兆尹率領兩學的京兆生將彩繪的句芒神和春牛送入朝中，由午門中門入，至乾清門、慈寧門恭進，依次為皇帝、中宮皇后和諸皇子獻上，稱為「進春」，然後百官朝賀，齊呼萬歲。禮部會為皇帝呈進春山寶座，順天府則呈進春牛圖，以天子之威望和誠意祈願一年的風調雨順。

　　中國人是極為重視「禮」的民族，這不僅表現在廟堂之上的「天地君親師」，也表現在民間風俗之中。許多上古祭祀的遺風轉變為人們表演式的歡慶活動，而官員、長壽者和儒士都表達著一種頗有內涵的寓意和排序。

　　《論語・鄉黨》中寫孔子對祭祀的態度是「雖疏食、菜羹、瓜祭，必齊如也。」即使吃的是粗茶淡飯，也一定要恭敬祭拜，每飯必祭。孔子對祭祀的虔誠態度是對天地的敬重，也是對自我修養的嚴格要求。這些「禮」的儀式，表達了中國人對上古傳統的遵從，對自己生命中所遇到的一切珍惜並感恩。

江南社火

　　《詩・小雅・甫田》中說：「以我齊明，以我犧羊，以社以方。」社是指地神，方是指四方之氣。迎東方之氣，即為立春。以包含著各種娛樂活動的「社火」去迎接春天，祭祀地神，自古有之。這裡說的「社火」，是中國民間傳統慶典狂歡活動的統稱。

　　在明清時代的江南，立春那天會舉行盛況空前的迎春社火。立春前期，地方官員便督促基層坊市裡甲，備辦各種儀仗

物件，選拔召集優人、戲子、小伎，大家粉飾角色，排演數日。演出的社火故事有「昭君出塞」、「學士登瀛」、「張仙打彈」、「西施採蓮」之類，眾人排演練習數日，各種扮相，爭奇鬥艷。

　　立春這天的清晨，沾了露水的小草在初升的旭日中發出柔和的光芒。和暖的東風中，亭台樓閣美如仙境，彷彿凝罩在煙霧之中。小橋流水人家處，幾縷青黛色的炊煙如夢似幻。在綺麗綿軟的蘇州小調裡，一葉扁舟在江水之上擺盪如畫。

　　街道上，拉水的牛車緩緩而行，精緻的馬車飛馳而過，白馬如龍，四蹄如飛。觀看社火和「打春」儀式的人群如山海一般，喧鬧嘈雜，盛況非凡。男女老少均簪花戴柳，年輕女子們鏤金簇彩，身著鮮艷服飾，將姿態各異的春旛春勝（以紙、絹、羅裁剪而成的飾物，有花草、燕雀、蟲蛾等）綴在釵頭，呼喚姊妹，笑鬧不絕。

　　在先秦神話中，春神句芒的化身就是布谷或者燕子，從晉代開始，人們在立春之日剪綵燕做頭飾，用繡有燕子的綺羅為頭飾，意即合歡羅勝。也有人在頭上貼著寫有「宜春」二字的彩紙，這也是祭祀春神的另一種習俗和方式。

　　在管樂繁弦聲中，郡守親自帶領下屬眾官員前往春場迎

春，隊伍前面是社火表演的社首，穿著冠帶華服，妝容猙獰，騎驢跳躍，大呼小叫。身著白衣的女子俏立於花車上，跳著觀音舞。扮成差役和士卒的人簇擁在後面，稱為「街道士」，其後則跟著句芒神和春牛。

　　春牛經過時，沿路圍觀的人們都爭著用手觸摸，據說摸到的人新年會獲得好運氣。待社火迎春的隊伍來到州府廳堂的綵棚之中，禮祭句芒神之後，由郡守開第一鞭，眾官員衙役次第以彩鞭打碎泥土做的春牛，叫作「打春」，寓意是送寒氣、促春耕，也有巫儺祈福之意。

本圖為明代畫家張翀所繪的《春社圖》，反映了當時百姓在春社慶典中狂歡的景象：戲班子吹吹打打，各角色生龍活虎；百姓們有的聚眾宴飲，有的則約上朋友，或是出去遊玩或是觀看表演。

　　春牛被打碎後，圍觀的百姓一擁而上，搶春牛碎土回家，據說這土扔到田裡可保這年有好收成，撒在豬圈、牛欄內則可促進自家的牲畜生長繁衍。

　　中國人充滿幻想，這不僅表現於豐富的神話傳說中，更表現在與生活相關的各種民俗。佩戴與春天有關的花環和春勝，是以春天特有的物件表示吉祥，內在的含義則是通過各種飾物把春天的吉祥和生機傳遞到自己身上。

　　「鞭打春牛」、「摸春牛腳」和「搶春牛碎土」則來源於一種古老的巫術，英國人類學家弗雷澤在《金枝》中提到的「相似律」和「接觸率」可以很好地解釋這些民俗行為，巫師僅僅通過模仿就可以實現任何他想做的事。相似或者是經過接觸的物體，在不同時空中還會繼續遠距離地互相感應。

　　古時的巫術在轉化為民間風俗之後，褪去了神秘和敬畏，而多了幾分親切與平和，充滿了民間泥土般的淳樸和馨香味道。

春神句芒

　　句芒是掌管農事的春神，也是木神。相傳句芒是天帝少皞的後代，名重，是伏羲輔臣。他人面鳥身，白衣飄飄，御飛龍

而行，管理春天萬物的生長。

太陽每天早上從扶桑上升起，而句芒掌管著神樹扶桑，所以太陽升起的那片地方也歸句芒管轄。遠古時期的每年春祭，身為草木和生命之神的句芒都高踞神座，受天子與黎民的拜祭。

《禮記・月令》中說：「其帝大白皋，其神句芒。」春秋時候，秦穆公是個賢王，能夠任用賢臣，曾經用五張羊皮把百里奚從楚國人手裡贖回來，委託他擔當了國家的重臣。又能厚愛百姓，曾經赦免了三百個把他逃跑的好馬殺來吃的岐下野人，後來這些人感念他的恩德，幫助他打敗了晉國的軍隊，俘虜了晉國的國君夷吾。

某日，秦穆公在祖廟中看見有神進入廟門，向左面走，鳥身，臉是方的。秦穆公嚇得要逃跑。這尊神就說：「不用怕，天帝因你有德行，派我賜你十九年壽命，使你國家興盛，多子多孫，不會失掉秦國。」秦穆公再拜叩頭，問神的名字。神答道：「我是句芒。」

春天的食物

立春那天，北方的人家都會準備又水靈又鮮脆的紅蘿蔔，

人們生嚼蘿蔔，稱之為「咬春」。媽媽告訴孩子們說：「吃蘿蔔，叫咬春，既解睏，又通氣。」民間在這天一般要宴請賓客，殺雞割肉，做麵餅，捲著生菜、青韭芽、羊角蔥等。

南方流行吃春卷和五辛盤，街市上叫賣春卷的小販攤子前，總會圍著饞嘴的孩子們。五辛盤是由五種辛辣食物組成的，一般是用蔥、蒜、椒、薑、芥等調和而成，後來又添加了藕絲、粉絲、豌豆、韭黃等，作為佐餐的爽口菜蔬。在揚州，人們用米粉做成丸子，祭祀神靈、供奉祖先、互相拜賀，名為拜春。

春天氣候變化劇烈，乍寒乍暖，人們身體的抵抗力變弱，對寒冷的抵抗能力有所減弱。《千金要方》主張春天的衣著宜「下厚上薄」，《老老恆言》亦云：「春凍半泮，下體寧過於暖，上體無妨略減，所以養陽之生氣。」護住下身，是因為大地中的寒氣尚未散盡。上衣略薄，則可以吸收春日柔和溫暖的陽光，健壯骨骼。

人體的氣血亦如自然界一樣，需要舒展暢達。人們夜臥早起，免冠披髮，鬆緩衣帶，舒展形體，走出家門，克服倦怠思眠狀態，使自己的精神情志與大自然相適應，體會那最細微最神妙的春意。

　　飲食調養方面要考慮春季陽氣初生，宜食辣、甜等發散之品，不宜吃酸味較濃的食物。在五臟與五味的關係中，酸味入肝，具收斂之性，不利於陽氣的生發和肝氣的疏洩，因此飲食調養要選擇一些柔肝養肝、疏肝理氣的草藥和食品，草藥如枸杞、郁金、丹參、延胡索等，食品選擇辛溫發散的大棗、豆豉、蔥、香菜、花生等靈活地進行配方選膳。

　　從立春日開始，大地就恢復了生機。雨水拉開了農事活動的序幕，對於生活在這片土地上的人們來說，這是一個東風藏袖、草木萌生、農耕開始的月份。《史記・太史公自序》中說：「夫陰陽四時、八位、十二度、二十四節各有教令，順之者昌，逆之者不死則亡。」

　　古人在空曠的原野中感受著風的訊息、春的顏色、天地的循環與流轉，感悟人與天地之間的微妙關係：人要在適當的時候做適當的事，勉強和苛刻地做事終歸會受到懲罰。而只有順時、順地、順力而為，方能昌盛繁榮，福澤綿延。

元宵節

十五夜觀燈　　唐·盧照鄰

錦裡開芳宴，蘭缸艷早年。

縟彩遙分地，繁光遠綴天。

接漢疑星落，依樓似月懸。

別有千金笑，來映九枝前。

這是一個特別明亮的夜晚。月上柳梢，繁星如雨。煙火繚繞，花彩繽紛。人間的燈火與天上的星月交相輝映，紅塵中充滿了笑語歡歌。《紅樓夢》中寫到這一天時，正好是賈府的大小姐賈元春成為貴妃後省親的日子：「院內各色花燈爛灼，皆繫紗綾紮成，精緻非常……只見清流一帶，勢如游龍，兩邊石欄上，皆繫水晶玻璃各色風燈，點的如銀花雪浪。

上面柳杏諸樹雖無花葉，然皆用通草綢綾紙絹依勢作成，粘於枝上的，每一株懸燈數盞，更兼池中荷荇鳧鷺之屬，亦皆系螺蚌羽毛之類作就的。諸燈上下爭輝，真系玻璃世界，珠寶乾坤。」

這個夜晚，就如同風俗的漫漫長河──說不完的繁華熱

鬧，道不盡的富貴風流。

元宵節的夜晚總是令人難忘：天上的月色格外皎潔，地上的熱鬧繁華也超過以往。不管
賞月還是賞燈，總能留下別樣的回味。

元宵起源

正月十五的夜晚是一年中第一個月圓之夜，也是年的歡樂
延續，古時被稱為元夕、元夜，形成於漢魏時期，後來通常稱
「元宵節」或者「燈節」。興盛於宋、隋，有「宋時湯圓隋時
燈」之美譽。而對於這個夜晚的來歷和源頭，民間卻眾說紛紜，

莫衷一是。

慶賀掃平諸呂

據歷史記載，元宵節始於西漢。漢高祖劉邦死後，皇后呂雉之子劉盈登基為漢惠帝。惠帝生性懦弱，優柔寡斷，大權漸漸落在呂後手中。漢惠帝死後，呂氏宗族把持天下，朝中老臣和劉氏宗親都深感憤慨，但懼怕呂後殘暴，敢怒不敢言。

呂雉病死後，諸呂姓外戚惶惶不安，並在上將軍呂祿家中秘密集合，共謀作亂之事，以便徹底奪取劉氏江山。漢文帝劉恆在大臣的協助下掃平諸呂，奪回了帝位。

平定諸呂後，文帝深感太平盛世來之不易，便把平息「諸呂之亂」的正月十五定為元宵節，這一天家家戶戶張燈結綵，皇帝會在晚上出宮遊玩，與民同樂。

紀念佛祖神變

在佛教的傳說中，正月十五張燈的習俗出自「佛祖神變」的事跡。據史籍記載，佛祖釋迦牟尼展現神變，降服妖魔是在西方的十二月三十日，即東土的正月十五。

為了紀念佛祖神變，此日要舉行燃燈法會。東漢明帝時，一個叫蔡愔的人從印度求取佛法歸來，說印度摩揭陀國的僧人

信眾會在每年的正月十五聚集一堂，瞻仰佛舍利。為了弘揚佛法，明帝敕令在正月十五佛祖神變之日燃燈，並親自到寺院張燈，以示禮佛，元宵放燈的習俗就此流傳。從此每到正月十五，無論士族還是庶民，在各處都會燃燈慶祝。

雖然這是一家之說，但不可否認的是，佛教是重視燃燈的。《涅槃經》說佛祖釋迦牟尼涅槃時，有不計其數的天女以七寶做成燈樹，又以種種寶珠作為燈火。

隋煬帝《元夕於通衢建燈夜升南樓》詩中說：「法輪天上轉，梵聲天上來。燈樹千光照，花焰七枝開。」、「燈樹」、「花焰」與「法輪」、「梵聲」結合在一起，既美妙動人，又神聖莊嚴，令人在信仰的充實中感受塵世的萬物。

也有學者推證，元宵夜真正的由來是源於祭祀太一神（主宰宇宙一切之神，「太一」是說神道的廣博無邊）。屈原在《楚辭・九歌・東皇太一》中所提到的「東皇太一」為至尊之神，也許是先秦楚人的舊俗，「東皇太一」實際上就是楚人稱天帝的別名，是天神中最尊貴的神。

天一、太一，也是北極神的別名。在古人眼中，星也是神，星出現在夜晚，也意味著星神在夜晚可以看到人們的活動，所

以人們只有在夜晚舉行祭祀，星神方能降臨享用，進而給人們福佑。

《史記・樂書》說：「漢家常以正月上辛祠太一甘泉，以昏時夜祠，到明而終。常有流星經於祠壇上。使童男童女七十人俱歌。」《曲洧舊聞》中也提到，上元張燈，是自從唐朝時候沿襲漢武帝祠太一的做法。

漢武帝採納方士謬忌的奏請，在甘泉宮中設立「泰一神祠」，從正月十五黃昏開始，通宵達旦地在燈火中祭祀，直到天明，從此形成了在正月十五這天夜裡張燈結綵的習俗。

上元賜福良辰

道教說古人所奉的太一神為太乙真人，即天官大帝，並融合了道教的「三元說」：正月十五為上元節，七月十五為中元節，十月十五為下元節。主管上、中、下三元的分別為天、地、水三官，這三天分別是三官的誕辰。

而正月十五正是天官大帝的生日。三官又各有所好，天官好「樂」賜福，地官好「人」赦罪，水官好「燈」解厄。所以，上元節要普天縱樂燃燈，閨房淑女們會在這一晚結伴夜遊。道教的信徒們在這天會設壇致祭，在正月、七月和十月素食齋居

三月，以表達信仰的虔誠。

在中國，權力與佛、道、儒、鬼神等信仰合為一體，統治者們對於高貴的事物有一種佔有慾望，往往不許百姓染指。最早的太一神祭祀，就僅限於皇家。

在隋朝以前，元宵張燈主要是皇家貴族的雅好，整個社會並不普及，直到唐代，元宵節張燈之俗才風靡於世。雖然官府對某些民間崇拜有所禁止，對某些宗教活動有所取締，但這並不會影響各種思想和信仰的悄然生成和廣泛結合。

不論是源於歷史還是因為信仰，節日就那樣自然產生，悄悄蔓延，孕育花蕾，綻放於每一個中國人心靈和記憶的最深處。

燈的良宵

當時間的手拂過，那些絢爛綺麗的王朝風景如同電影鏡頭一般倏忽而逝。

元宵節最為繁盛的當數唐宋時代，兩者中間夾著五代十國，那是一個從張揚熱烈逐漸轉為內斂精緻的時代，那是一個遍地英雄下夕陽，美人元宵觀燈游的時代。

「暗塵隨馬去，明月逐人來。」那是月色燈光滿帝都的大

唐長安。皇帝在京師的安福門外造了一個巨大的燈輪，高二十丈，用錦緞綺羅包裹著，以金玉珠寶裝飾，在上面挑掛起五萬盞明燈，簇簇叢叢，如同絢爛的花樹。晚風寧靜而和煦，空氣中微微漾著清甜的脂粉花香。

成千上萬的宮女和民間少女穿著錦繡衣裳，頭戴珠環翠玉，濃妝淡抹，載歌載舞，在燈輪之卜徹夜踏歌。街市上，人們衣著鮮艷華麗，親戚們聚在一起看戲，朋友們一起遊玩嬉鬧，鼓樂之聲震天，煙火燈光滿地。少年們戴著崑崙奴或獸形的面具招搖過市，也有狂放之徒穿上女子服飾，扮成女態而謹眾取寵。倡優雜技，遍及四處。百戲表演，引人入勝。燈火月色，醉在大唐。

「燈火家家有，笙歌處處樓。」那是《水滸傳》中的北宋開封，也是《清明上河圖》中的汴梁元宵夜。元宵五夜，通宵不禁，家家門前扎縛燈棚，懸掛著燈火，照耀得周圍如同白晝一般。

燈上畫著許多故事：「和尚燈月明與柳翠相連，判官燈鍾馗共小妹並坐。師婆燈揮羽扇假降邪神，劉海燈背金蟾戲吞至寶。也有剪采飛白牡丹花燈，並荷花芙蓉異樣燈火。豪門之家

擺放著五色屏風炮燈，名人書畫，盡顯風雅。奇異古董，熠熠生輝。樓台上下燈火燦爛，車馬往來，人來人往。」

在宋江、李逵這些梁山好漢的眼中，那些由綵燈堆積而成、形狀如大鰲的鰲山，每一座都各具特色：「大名府留守司州橋邊搭起一座鰲山，上面盤紅黃紙龍兩條，每片鱗甲上點燈一盞，口噴淨水……銅佛寺前紮起一座鰲山，上面盤青龍一條，周回也有千百盞花燈。翠雲樓前也紮起一座鰲山，上面盤著一條白龍，四面燈火不計其數。」

兩宋時期，制燈的原料十分豐富，除了絲綢、彩紙、鳥羽之外，還有羊角、五色蠟紙、菩提葉、玳瑁、琉璃和雲母等物。

元宵節的街市上，幾乎隨處可以見到花燈：門戶外面掛的，行人手裡拿的，小販攤上賣的……樣式可謂千姿百態，無奇不有。

燈市興盛，花燈的種類也多：有牡丹燈、蓮荷燈、梔子燈、葡萄燈、曼荼羅燈、長燈、犬燈、鹿燈。還有壁燈、車輿燈、屏風燈、佛塔燈、鬼子母燈、沒骨燈、珠子燈、月燈、小球燈、大滾球燈、獄燈、羊皮燈、羅帛燈、走馬燈等。

值得一提的是走馬燈，這是一種比較特別的花燈，出現於南北朝時期，由於燈罩是自動轉動的，所以畫在上面的馬宛如在不停地奔馳，故稱為「走馬燈」。另外，官府富戶在元宵節慶期間都要搭設綵樓、瀑布燈山或琉璃燈山，山上設置機關，點綴人物亭台，插著各色綵燈，盛況難描難畫。

宋代還產生了上元節賞燈猜謎的活動。「又有以絹燈剪寫詩詞，時寓譏笑，及畫人物，藏頭隱語，及舊京諢語，戲弄行人。」這裡的「隱語」即是謎語，「藏頭」是將謎底隱在每句的開頭，故名藏頭，是隱語的一種。

在京師、蘇揚一帶的繁華城市，元宵節會設立燈篷，文人雅士前去賞燈猜謎，名為「燈虎」。同時，還興起了「瓦捨」，作為人們專門猜謎的場所，也稱謎社，癡迷者和精通此道者大有人在。南宋時，臨安每逢元宵節時制燈謎，一些大戶人家會想出一些趣味謎語寫在紙條上，貼在五光十色的綵燈上供人猜。

圍觀和猜謎的人非常多，因為猜中會有不少好綵頭，如巾扇、香囊、果品、食物等獎品。

猜燈謎是元宵節的特色活動，年年都有，盛行至今。猜中的人能拿到不錯的彩頭，猜不中的權當圖個熱鬧，哪怕不去參與，圍觀也是樂事一樁。

民間傳說，王安石在二十歲時赴京趕考，元宵節路過某地，邊走邊賞燈，見富商家高懸走馬燈，燈下懸一上聯，征對招親。上聯是：「走馬燈，燈走馬，燈熄馬停步。」王安石見了，一時對答不出，便默記心中。

到了京城，主考官以隨風飄動的飛虎旗出下聯：「飛虎旗，旗飛虎，旗卷虎藏身。」王安石即以招親聯應對出，被取為進士。歸鄉路過那戶人家，聞知那招親聯仍無人對出，便以主考官的出聯回對，被招為快婿。一副巧合對聯，竟成就了王安石兩大喜事。

「百枝火樹千金靨，寶馬香塵不絕。」那是流光溢彩、花

團錦簇的明清北京城。從正月十三上燈開始，到正月十八落燈，這期間都叫燈節。而正月十五又稱為正燈。人們在家中點上蠟燭燈籠，擺上酒宴，街市上的燈如千萬火樹一般明亮耀眼。

朝廷中的大衙門都會放燈，其中以工部最盛。六街之燈以東四牌樓及地安門最為繁盛，東安門、新街口、西四牌樓也非常熱鬧。燈綵大多是用紗絹、玻璃或明角做成，上面畫著古今故事，供人玩賞。

王孫公子們相邀玩樂聽戲閒逛，文人雅士細品火腿花彫。貴婦仕女穿著嬌紅柳綠的緞裙，披貂鼠皮襖，頭上珠翠堆盈，嬌嬈炫色，聚集在樓窗觀看熱鬧。

燈市上，按材料分有鐵絲紙燈、竹架紗燈、玻璃燈、羊角燈、明角燈。按樣式分有圓紗燈、宮燈、掛燈、金屏燈、玉樓燈。荷花燈、繡球燈，獅子燈、兔子燈、猿猴燈、白象燈栩栩如生。

還有許多歷史人物造型的綵燈，如「木蘭從軍」、「哪吒鬧海」、「關公看《春秋》」、「黛玉葬花」等。「京朝派」風格的燈局子中，貨架上是各式飄著鵝黃穗子、四方糊著白紗、畫著山水的小宮燈，多寶閣上擺著的琉璃燈上畫著仕女人物、花鳥草蟲。

有的人家房簷下掛著兩盞繡球燈，一來一往，滾上滾下，非常可愛。也有的商戶門架子上挑著一盞大魚燈，下面還有許多魚蝦鱉蟹，新奇有趣。更有一種灌水轉動機關的無骨燈，燈畫上百物活動，精巧非常。也有特別有新意的人家，用冰做成燈器，將麥苗扮作人物，細剪百彩，澆水而成。眾人圍觀稱讚其「華而不侈，樸而不俗」。

煙火盛宴

從最早的燃爆竹子驅趕邪祟，到精美紛繁的各色煙火，煙花已經逐漸成為節日中不可缺少的一部分。花炮棚子能夠製造各色奇巧的煙火：有盒子、花盆、煙火桿子、線穿牡丹、水澆蓮、金盤落月、葡萄架、珍珠簾、長明塔、旗火、二踢腳、飛天十響、八角子、炮打襄陽城、匣炮、天地燈等名目，最為有名的是江蘇高郵的煙花爆竹，煙火裡巧藏故事、動物生禽等。

明清時代，放煙火已經成為元宵節必有的助興節目。有錢的富室豪門都爭相購買各色煙火，那些「線穿牡丹」、「金盤落月」名目的煙火雖然價格極貴，卻也供不應求。一時之間，京城內銀花火樹，光彩照人，月影婆娑，笙歌悅耳。官家更樂

得借此機會大放煙火，與民同樂一番。

本圖截選自《明憲宗元宵行樂圖》，畫的是皇宮裡放煙火的情景，可見在當時，煙火已成為元宵節的一大助興節目。

　　比如圓明園門內，正月十五按例要放煙火盒子，煙火盒子懸在大架上，每盒有三層：第一層是「天下太平」四個字，第二層是鴿子鳥雀齊飛，取和平放生的吉祥意思。第三層是四個打著鼓唱秧歌的小孩，唱著「太平天子朝元日，五色雲中駕六龍」。這些煙火工藝所達到的精巧和完美，令人歎為觀止。

　　鄉村不如城市那麼繁華熱鬧，卻也別有風味。鄉鎮人家的花燈和煙火買自州郡，貨郎們出售的各色花燈也極為炫目。還有水果餡的元宵，婦女們的衣料飾品，無一不有。北方鄉村耍社火、唱秧歌、打太平鼓。南方演花鼓戲、唱採茶調。

鬧元宵的隊伍敲鑼打鼓，敲擊成文，有《跑馬》、《雨夾雪》、《跳財神》、《下西風》等。看社火的孩子騎在父兄肩頭，望著奇巧的花燈和絢麗的煙火，想起祖母所講的元宵傳說。

傳說在很久以前，凶禽猛獸很多，四處傷害人和牲畜，人們就團結起來去打這些猛獸。有一隻神鳥因迷路而降落人間，卻被不知情的獵人給射死了。天帝知道後十分震怒，下令讓天兵天將於正月十五到人間放火，把人間的人畜通通燒死。天帝的女兒心地善良，不忍心看百姓無辜受難，就冒著生命危險偷偷來到人間，把這個消息告訴了人們。

眾人聽說了這個消息，都嚇得不知如何是好。於是有個老人想出一個辦法，他說：「在正月十四、十五、十六這三天，每戶人家都在家裡張燈結綵、點響爆竹、燃放煙火，這樣一來，天帝就會以為人們都被燒死了。」大家聽了都點頭表示贊成，便分頭去準備。到了正月十五這天晚上，天帝往下一看，見人間一片紅光，響聲震天，連續三個夜晚都是如此，以為是大火燃燒的火焰，便不再追究，人們就這樣保住了自己的身家性命。為了紀念這個日子，以後每到正月十五，家家戶戶都會掛燈籠、放煙火。

　　鄉村的花燈和煙火不似城市那般耀眼，卻在寂寥的夜空中綻放了親切的喜悅。民間故事總是能體現鄉土百姓的某種淳樸心思。人們崇敬神靈，祭拜他們，卻也和他們鬥智鬥勇。

　　在正月十五的傳說裡，天帝的暴虐似乎和朝堂官府重合起來。百姓相信，以他們自己的智慧，是能夠戰勝暴虐強權的，這是鄉土化願望的美好回歸。當城市的繁華接近蕭條的尾聲，似乎只有鄉土簡單而淳樸的花火可以解除人們的疲憊，安定他們的夢鄉。

試燈風裡賣元宵

　　《上元竹枝詞》中寫道：「桂花香餡裹胡桃，江米如珠井水淘，見說馬家滴粉好，試燈風裡賣元宵。」元宵「輕圓絕勝雞頭肉，滑膩偏宜蟹眼湯」，是正月十五這天的美食主角，而元宵的傳說，也同樣婉轉動人。

　　相傳漢武帝時，有一個足智多謀、善良風趣的大臣名叫東方朔。一年冬天，下了幾天大雪，東方朔到御花園去給漢武帝折梅花。剛進園門，就發現有個宮女淚流滿面，欲投井自殺。東方朔慌忙上前搭救，並問明她輕生的原因。

　　原來，這個宮女名叫元宵，家裡還有雙親及一個妹妹。自從她進宮以後，就再也無緣和家人見面。逢年過節的時候，比平常更加思念家人，覺得不能在雙親面前盡孝，不如一死了之。東方朔聽了她的遭遇，深感同情，就向她保證，一定設法讓她和家人團聚。

　　不久，東方朔在長安街上擺了一個占卜攤，不少人都爭著向他占卜求卦。不料，每個人所占所求，都是「正月十六火焚身」的籤語。一時之間，長安城內起了很大恐慌，人們紛紛求問解災的辦法。

　　東方朔就說：「正月十五日傍晚，火神君會派一位赤衣神女下凡查訪，她就是奉旨燒長安的使者，我把抄錄的偈語給你們，可讓當今天子想想辦法。」說完便扔下一張紅帖，揚長而去。老百姓拿起紅帖，趕緊送到皇宮去稟報皇上。漢武帝接過來一看，只見上面寫著：「長安在劫，火焚帝闕，十五天火，焰紅宵夜。」不由得心中大驚，連忙召眾臣前來商議。

　　東方朔趁機獻計說：「聽說火神君最愛吃湯圓，宮女元宵不是經常給陛下做湯圓嗎？十五晚上可讓元宵做好湯圓，陛下焚香上供，傳令京都家家都做湯圓，一齊敬奉火神君。再傳諭

臣民一起在十五晚上掛燈，滿城點鞭炮、放煙火，好像滿城大火，這樣就可以瞞過玉帝了。此外，通知城外百姓，十五晚上進城觀燈，雜在人群中消災解難。」

漢武帝聽後十分高興，就傳旨照東方朔的辦法去做。到了正月十五日，長安城裡張燈結綵，遊人熙來攘往，熱鬧非常。宮女元宵的父母也帶著妹妹進城觀燈。

當他們看到寫有「元宵」字樣的大宮燈時，驚喜地高喊：「元宵！元宵！」元宵聽到喊聲，終於和親人團聚了。如此熱鬧了一夜，長安城果然平安無事。漢武帝大喜，便下令以後每到正月十五都做湯圓供火神君，全城張燈放煙火。因為元宵做的湯圓最好，人們也把湯圓叫元宵，把這天叫作元宵節。

元宵姑娘的故事很圓滿，與「天帝因神鳥而火燒人間」的故事是同一概念。這個故事的不同，在於為了成全一個人傾全城而動，民間故事那種淳樸的圓滿，總是帶著些一廂情願。但無論如何，吃元宵的風俗一直傳到今天，讓中國人在「食」的多樣性和精緻性上任意發揮。

在宋朝，民間流行一種叫「浮圓子」的小吃，也叫「元宵」、「湯圓子」、「乳糖圓子」、「珍珠圓子」、「湯丸」、「湯團」，

生意人則美其名曰「元寶」。元宵以白糖、玫瑰、芝麻、豆沙、黃桂、核桃仁、果仁、棗泥、山楂、各類果料為餡，也有豆乾、酸菜和肉丁、蝦米、火腿丁等肉菜餡料。

用糯米粉包成圓形，可葷可素，也可湯煮、油炸、蒸食，風味各異。北方叫作元宵，南方多稱湯圓。南方的湯圓更為講究，水磨粉細膩滑潤，皮薄餡大，玫瑰豬油黑洋酥餡香醇濃郁。

鄧雲鄉先生曾盛讚無錫湯圓的美味，說賣主是一對老年夫婦，「一碗四隻，一隻肉的，捏成桃子形。一隻細沙的，捏成餅形。一隻芝麻豬油白糖的，捏成滾圓的球形。一隻芥菜的，捏成橢圓形……這四種餡子中自然都放了糖，芝麻細沙的不用說了，肉餡，芥菜餡也都有糖，而又是鹹中有甜，甜中有鹹，卻具有了一種說不出來的妙味。」

民國時期有一首民謠：「袁總統，立洪憲，正月十五稱上元。大總統，真聖賢，大頭抵銅角，元宵改湯圓。」據說復辟後的袁世凱聽見街上賣「元宵」的聲音，心中忐忑不安，覺得元宵與「袁消」同音，於是下令禁止使用這個詞，改成「湯圓」。

袁世凱沒做幾天皇帝就消失於歷史之中，而元宵節卻一直存在，今年過，明年過，以後的每年都會過。當傳統的累積到

了一定的深厚程度時，民族文化的內容就深深扎根其中，外部的力量想要強制將其剪除，只能成為一個笑話而已。

紫姑傳說

《荊楚歲時記》中記載：「其夕，迎紫姑，以卜將來蠶桑，並占眾事。」民間傳說紫姑為廁神，又稱其為子姑、廁姑、茅姑、坑姑、坑三姑娘等。傳說紫姑有先知之能，在正月十五夜裡迎祀於家，可以占卜諸事。

關於紫姑的記載，最早出自於劉敬叔的《異宛》卷五中，說紫姑本來是一大戶人家的小妾，被大老婆嫉妒，總是派紫姑做髒活累活，最終在正月十五晚上紫姑惱恨死去。

後來人們就做成女子樣貌的草人，為其穿上衣衫，作為紫姑的化身，入夜之後由兩個童女拿到廁所旁，設置酒果祭祀，打鼓唱歌道：「子胥不在，曹夫人已行，小姑可出。」子胥是紫姑的丈夫，曹夫人是大老婆，這兩人不在，紫姑便現身了。傳說中的紫姑頗有姿色，喜歡跳躍起舞。人們將準備好的粉盤或者散滿灶灰的桌子代紙張，立筷子代筆，祈問紫姑，占卜蠶桑農事。

　　宋代，《子姑神記》中記述了一則紫姑降神於蘇東坡的問答故事，由東坡問，紫姑答，內容詳盡，繪聲繪色，頗為有趣。這裡所記載的紫姑出身和故事比《異宛》又豐富了許多，三姑（即紫姑）說自己是曼卿之徒，說出自己本來是壽陽人氏，名叫何媚，字麗卿。

　　父親對她說，她生下來就與眾不同，以後必定能享榮華富貴，於是送她出去修學，不久她便博通九經。父親死後，母親把紫姑嫁給了一個唱戲的伶人，不久紫姑又洞曉五音。當時有一個刺史看上了紫姑的才貌，就誣陷她的丈夫入獄，強娶紫姑為小妾。

　　刺史的夫人善妒，在茅廁內把紫姑殺死。幸而遇到天帝的使者，天帝念紫姑身世堪憐，就令她做了廁神。蘇軾說紫姑才藝絕倫，賦詩立成，有超逸絕塵之語。

　　紫姑的傳說，從南朝《異宛》的古來相傳到後來有了籍貫、姓名和具體的身世經歷，內容無疑為後人所增加了。不僅如此，又改《異宛》中所說的「感激而死」為「妻妒殺之於廁」，更能引起人們的同情，又加入了才情容貌的渲染而引起人們的感懷而益加敬仰。

到了清朝，對紫姑的祭拜大多是婦女們的習慣，且開始逐漸簡化。在上元節夜裡，人們多以箕帚、草木或筷子，著衣簪花，用一支銀釵插在箕口，供奉在坑廁的旁邊，再設立供案，點燭焚香，請神降福。

女人們把自己的心事向紫姑訴說，或代自己未出嫁的女兒祈禱。未出閣的少女在紫姑的神位前把門上的春聯燒掉，祈望以後能嫁到一個博學住婿。後世人也常「請」紫姑出來作詩、寫字、下棋等等。

紫姑的顯靈與其說是威嚴，不如說是帶著輕鬆且親切的格調。既然紫姑是受欺凌而死的女子飛昇成仙的，自然更能夠理解女兒家的心思，更能保佑女孩們的閨房瑣事。這種風俗習慣的流變，來源於中國人對神靈司職明確分工的認知。

類似這樣的「小神」，自然不必大動干戈地去祭拜，但也不可怠慢，需要恰當的人，進行適時的祭拜。這種表現在信仰上的彈性，不能不說是一種習俗之下暗暗隱藏的人生智慧。

廟會閒趣

南宋時期，上元節廟會已非常興盛，教坊、勾欄藝人、民

間會社都會聯合上街舉行化裝表演。到了明清時，正月裡各地都有廟會，市民生活更加多彩多元。北京城的廟會集中在正陽門的東月城下，還有打磨廠、西河沿、廊房巷、大柵欄，那裡是最熱鬧的所在地。

從黃昏開始，商販們就聚集開來，乾貨鮮貨、珠玉、綾羅、飲食、古玩、字畫、花鳥蟲魚等百貨雲集。也有賣牡丹、海棠、丁香、碧桃等鮮花的，鮮艷異常，香氣馥郁。女孩們挑了一枝拈在手中，越發顯得唇紅齒白，人比花嬌。

東邊舞龍的人群前呼後擁，招搖過市，鑼鼓喧天，聲聞十里，甚為壯觀。戲龍的大漢赤裸上身和雙足，大叫著：「拿花筒大炮來！」有好事的人在舞龍經過的時候，拿來花炮、火炮、黃煙、地耗子、滴滴金等，向著龍燈燃放，舞龍的人極為靈巧，盤旋跳躍，口中含著橄欖，用來解熱毒。這種龍由篾竹紮成龍首、龍身、龍尾，上面糊紙，再畫上色彩。龍身有許多節，節中點燃蠟燭，舞動時五光十色，如巨龍盤旋歡騰。

南邊來了一群舞獅的隊伍，舞獅的人全身披包獅被，下身穿著和獅身相同毛色的綠獅褲和金爪蹄靴，和真獅子極為相似。戲獅人裝扮成古代武士，手握旋轉繡球，配以京鑼、鼓鈸，逗

引獅子。獅子在「獅子郎」的引導下，表演騰翻、撲跌、跳躍、登高、朝拜等技巧，並有走梅花樁、竄桌子、踩滾球等高難度動作。

元宵節的廟會格外精彩，除了賣飲食雜貨的商販、興致衝衝的遊人，舞龍燈和雜耍賣藝的隊伍更是重頭戲。

唐代時，獅舞便盛行於宮廷、軍旅和民間。唐段安節《樂府雜錄》中說：「戲有五方獅子，高丈餘，各衣五色，每一獅子，有十二人，戴紅抹額，衣畫衣，執紅拂子，謂之獅子郎，舞太平樂曲。」白居易《西涼伎》詩中對此有生動的描繪：「西涼伎，假面胡人假獅子。刻木為頭絲作尾，金鍍眼睛銀帖齒。奮迅毛衣擺雙耳，如從流沙來萬里。」

西邊來了一隊踩高蹺的，鼓樂嗩吶，好不熱鬧。有的扮成頭陀、樵夫、漁翁、媒婆、小二哥。還有的扮作道姑、和尚、傻公子、俏小姐，一個個都配著腰鼓和手鑼，腳上蹬著高蹺，還能同時做舞劍、劈叉、跳凳、過桌子的動作。南方的高蹺，

扮演的多是戲曲中的角色，譬如關公、張飛、呂洞賓、何仙姑、張生、紅娘、濟公、神仙、小丑……邊演邊唱，逗笑取樂。

北邊又有賣藝的好漢，吞刀吐火、上刀梯、擲流星，十八般武藝樣樣精通。玩雜耍的人指揮著鑽圈跳水的小耗兒，戴著羽帽烏紗的猴子，扮相滑稽，令人捧腹，引得看熱鬧的人連聲叫好，吃冰糖葫蘆的娃娃拍手直笑。

走橋摸釘

元宵夜也是深居簡出的女子們相邀群游、燒香請願、祈子免災的夜晚。

「花火每攢騎馬客，蠟光先照走橋姬」，凡是有橋的地方，都能看到母女婆媳、姑嫂姐妹、小姐丫鬟三五成群而過。這種走橋的習俗據說可以祛病除災，散去百病，民間俗稱為「走百病」。那些希望添丁的人家，也有偷著到各城門摸門釘的，據說這樣就能生男孩。

廣東一帶的元宵之夜，橋樑上掛滿了各種顏色的紙花，任憑人們去採摘回家。據說，已婚的女子摘了白花就會生男孩，摘了紅花就會生女孩。江蘇淮安一帶，近代仍流傳有元宵節後

「送子」的風俗：那些還沒有子嗣的人家，成婚多年沒有生育的夫婦，親朋好友知道他們盼子心切，都願意在元宵夜晚送他們一個紙糊的小紅燈籠以喻「送子」。也有人去東門外麒麟橋塊偷紅磚當「送子」之用的，是取「麒麟送子」的吉祥寓意。

上元節祈子習俗形成並流傳，是因為傳說中月神有主生育的神性。中國自古就有月望之夕拜月和跳月的習俗，不僅上元節，中秋節的拜月也是包括祈望生育的心理因素而存在的習俗。

相逢常是上元時

歐陽修在《生查子‧元夕》中寫道：「去年元夜時，花市燈如畫。月上柳梢頭，人約黃昏後。今年元夜時，月與燈依舊。不見去年人，淚滿春衫袖。」這是一首元宵夜中懷念舊情人的美好詞句。月色依舊，燈市燦爛如畫，可物是人非，在人潮湧動中卻無處尋覓佳人芳蹤。

詩人的憂傷增添了元宵節的傳奇魅力。在這個六街轎馬、香車錦轡的夜晚，人們看盡了那些華麗奇巧的燈綵和煙火，這一天夜晚的愛情，似乎也萌發得特別熱烈。

和風緩步，明月當頭，梅萼爭妍，草木萌動。那些騎著快

馬的英姿少年、那些登高吟詩的文人墨客、那些佩著錦衣玉帶的王孫公子，看著游春女子的窈窕身姿，無不心中悸動，《荔鏡記》裡江南才子陳三與黃五娘元宵夜賞花燈一見鍾情，樂昌公主與徐德言在元宵夜破鏡重圓，《春燈謎》中宇文彥和影娘在元宵夜山盟定情。

「繡閣人人，乍嬉游，困又歇，笑匀妝面，把朱簾半揭。嬌波向人，手捻玉梅低說：相逢常是，上元時節。」宋晁沖之的《傳言玉女》則傳神地白描出一個嬌俏少女在上元節遇見心上人時的懷春情緒。

天下無不散的筵席，這個華彩紛呈的夜晚也會結束。月照星明，煙塵漸稀，人影散亂，人們喧笑而散，只等明年元宵再聚。元宵節所蘊含的那些習俗卻一直在歷史朝代的更迭中、在人們的日常生活中默默地傳承著。

那些閃耀的燈火、煙花，精彩的舞龍斗獅，醇香的湯圓，以及在這個夜晚中所有人共同締造的歡樂，都需要人們聚在一起，在統一的習俗感召力下，形成整體合力，完成富有原始靈感的狂歡集會。在古樸、高雅和粗獷中表現出民族的純真與豪放，細膩與多情。

中和節

中和節賜百官燕集因示所懷　　唐・李適

至化恆在宥，保和茲息人。

推誠撫諸夏，與物長為春。

仲月風景暖，禁城花柳新。

芳時協金奏，賜宴同群臣。

絲竹豈雲樂，忠賢惟所親。

庶洽朝野意，曠然天地均。

從上古開始，農曆每月的最後一天被稱為晦日，而正月的晦日最為人們所重視。晦字有陰暗、暗氣之意，是不吉祥之日。百姓在這一天會去河邊消災解厄，女人漿洗衣裙以袪除不祥。

唐德宗時，李泌上疏廢止正月晦日，以二月初一為中和節。唐德宗十分贊同，下詔說：「四序月，勾萌畢達，天地和同，俾其昭酥，宜助暢茂，自今宜以二月一日為中和節。」

這一天百官要進獻農書，皇帝御賜金錢、公卿尺和春衣給眾臣，並於宮中舉行宴會，賦詩樂舞，「急管參差、長袖裊娜之美，陽春白雪、流徵清角之妙，更奏於堂上。風和景遲，既

樂且儀。」

　　皇帝與大臣們觥籌交錯，頻頻舉杯，自朝至暮，直喝到酩酊大醉。唐德宗李適擅長詩詞，曾作《中和節日宴百僚賜詩》、《中和節賜百官燕集因示所懷》、《中和節賜群臣宴賦七韻》等詩，反映這一天的盛況並抒發感慨。在民間，百姓這一天會聚集親朋好友，暢飲中和酒、祭日神並互贈刀尺，勉勵耕作。

祭祀日神

　　宋代的中和節，也還有著大唐習俗的流風遺韻。據吳自牧《夢粱錄》載，臨安一些人家在這天會釀宜春酒，以祭句芒神，祈豐年。民間百姓以青布口袋盛百谷果實，互相贈送，稱為「獻生子」，預祝這一年風調雨順，五穀豐登。看來這一天也有「春祭」的影子，只是範圍和影響沒有那麼廣罷了。

　　民間傳說中，農曆二月初一是太陽神的生日。《帝京歲時紀勝》中提到，清朝時的北京人在這一天會祭祀「太陽神」。二月仲春，節氣近於春分，日影一天比一天高，氣候日趨和暖，北京左安門的太陽宮每年只在這一天開放，進香祈福的人絡繹不絕。

　　人們在家中設置香案，擺上太陽星君和神馬，將印著金色圓光的「太陽糕」碼放於盤中置於供桌中央用以祭祀，以此來報答「太陽神」的恩澤。供奉的時候還要買一些紙做的黃錢、元寶來焚燒掉，在焚燒的同時，將春節時各家所張貼的「五色掛錢」殘存紙片撕乾淨，一起焚燒，叫作「太陽錢糧」。

　　按照男不拜月女不祭日的習俗，祭日儀式由家中的男性長輩率男性子孫來完成，眾人面向東方太陽膜拜。

舊時有女不祭日的習俗，但二月初一這天，仍有一些婦女向太陽焚香化紙並用糖、餅、豆腐等食物來供奉日神，儀式結束後吃了供品，據說可以治牙疼。

三足烏

　　傳說太陽中有一隻黑色的神鳥，叫作三足烏。《楚辭·天問》王逸注云：「堯命羿仰射十日，中其九日，日中九烏皆死，墮其羽翼。」后羿射日的故事流傳極廣，太陽被射死了，為什

麼死去的是裡面的三足烏呢？這說明三足烏其實便是古人心目中太陽的精魂。

《山海經‧大荒東經》中記載：「湯谷上有扶木，一日方至，一日方出，皆載於烏。」湯谷那個地方長著一棵扶桑樹，太陽就棲息在這棵樹上。三足烏負載太陽每天早晨從東方扶桑神樹上升起，到了晚上便落在西方若木神樹上，循環往復，普照大地。

這樣的遠古神話往往令人匪夷所思，烏鴉和太陽之間的聯繫又是如何建立的呢？不妨推測一下：烏鴉是一種聰明的鳥，喜歡生活在人類周圍。

古代的人們觀察並注意到烏鴉喜歡停留在煙霧中，而烏鴉的黑色羽毛就像是住在火熱的太陽中而被燒焦的，這樣的聯想就把烏鴉與火、太陽聯繫起來。而古代先民對日出日落現象的觀察和感受也逐漸成熟，與烏鴉的特性相結合，演化成最早的「三足烏」傳說。

太陽中有三足烏，月亮中就是三足蟾。三足蟾，三隻腳，背上背著北斗七星，嘴銜兩串銅錢，頭頂太極兩儀，能聚財、鎮財，不使金錢流失，是天宮的財神。中國人在家中或生意場

地擺放三足蟾的習俗也流傳至今。

三足烏是陽，三足蟾是陰，陰陽平衡，協調天地和諧運轉。由此可見，古人對自然與人的認識是統一的，「天人合一」是中國人始終追求的一個完美境界。

太陽糕上雞打鳴

中和節這天，清朝內廷的御膳房會特別製作一些精緻可口的太陽糕，在慈寧宮花園內祭祀太陽星君。宮廷的習俗常常也會受到民間的影響，這一天製作的太陽糕，最初也是出自民間。但「太陽糕」這一叫法，據說是來源於慈禧太后。

清代宮門口外有一家糕餅店叫作「袁記齋」，最早創製了「太陽糕」。「太陽糕」原名「小雞糕」，是一種打上小雞戳印的糕點。據說慈禧太后嘗了袁記齋的小雞糕之後，認為很好吃，又說雞打鳴，太陽升，寓意吉祥，正應了過節祭祀太陽神的景兒，所以將糕名改為「太陽糕」。

京城的百姓人家多使用和好的江米和糯米粉為料，團成餅狀，中間夾上糖心製成糕點，疊放成多層，層與層之間撒上黑糖，再加些青紅絲，糕點表面塑出雞形，或模壓出金烏圓光。

這就是太陽糕的做法了。

在清朝，這是中和節家家必備的供品，即使手頭拮据也總要請幾塊太陽糕應個景兒，以圖吉利。二月初一當天，人們擺上太陽糕，信道教的人家也會吟誦《太陽星君聖經》，祭祀便開始了。

太陽糕除了自家製作的以外，還有蒸鍋鋪所做的。蒸鍋鋪做的太陽糕，大多在糕點上用紅曲水印刻上三足雞星君的法像，五塊疊在一起為一碗，頂端插著用江米捏的小雞，十分可愛。

太陽糕上裝飾著小雞圖案，看來人們已經把雞當成太陽的象徵，這可能與三足金烏的傳說有關，也是因為公雞在太陽升起時打鳴的緣故。

二月初一黎明，小販們便提筐挎籃聚集在蒸鍋鋪門前買太陽糕，然後沿街叫賣。老人們講，太陽糕就是太陽高的意思。

賣太陽糕的商販一年只能做一次太陽糕生意。北京的糕點鋪元宵節後便開始製作太陽糕。一些小販也自製太陽糕，提前兩三天開始出售，於是「太陽糕哩，供佛的太陽糕啊」這樣的叫賣聲在街頭巷尾隨處都有。

民國時期，太陽糕開始有所改變：二寸大小的長方塊，裡面包著豆沙餡。糕上的小雞原樣保留，還塗上了顏色，形象看起來更加逼真。

太陽糕上的金烏圓光、三足雞星君法像、江米小雞都是源自遠古傳說中的神鳥三足烏，可以說雞代表的並不是雞，而是烏鴉，只是時間久了，既然是做在糕點上，到底是烏鴉還是雞倒顯得沒那麼重要了。因此，無論糕形怎麼樣，小雞不能變。牠代表著三足烏，是人們心目中太陽的象徵。

在中國的傳統節日中，同屬於一個季節的節日之間通常具有較多的通性和相關性。春季中的立春、中和節和龍抬頭，都有著迎接春天到來的節日主題，比如祭祀春神、土地神或者農神，都有迎春、重農和祈求豐年的的意圖。

在中和節，各地也有祭祀土地神或者社神的習俗。中和節從春分活動中吸取了祭日的內容，既獨特又統一。《禮記・中

庸》云：「致中和，天地位焉，萬物育焉。」所謂「中和」是
指不偏不倚，儒家認為喜怒哀樂的情感未曾發時叫「中」，若
情感發出來，但沒有偏頗，很中肯，叫「和」。

　　人的道德修養能夠達到「中和」，就是進入一種和諧的境
界，天地萬物各得其所，相安無事。中和主調和萬物，天地陰
陽只有溝通中和之氣，才能相受，供養萬物。概括地說，就是
「天地中和同心，共生萬物」。

　　中國人的中和，還有一種隨遇而安的態度在其中。孔子有
一次公開肯定說自己很欣賞學生曾晳的志向，曾晳的志向就是：
「莫春者，春服既成。冠者五六人，童子六七人，浴乎沂，風
乎舞雩，詠而歸。」意思是暮春三月時，春天的衣服早就穿上
了，我與五六個成年人、六七個小孩子結伴，到沂水邊上洗洗
澡，在舞台上吹吹風，然後一路唱著歌回家。

　　這樣一種閒適的情趣，配合天時即暮春，地利沂水、舞雩
台，人和冠者五六人、童子六七人，毫無做作，自得其樂，倒
頗有些老莊的風範。不刻意而為之，在適當的時間做適當的事，
中國人把這種哲學態度巧妙而自然地融合於節日之中，用中和
之心欣賞萬物之美。

龍抬頭

二月二日　　唐‧白居易

二月二日新雨晴，草芽菜甲一時生。

輕衫細馬春年少，十字津頭一字行。

農曆二月初二被稱為「龍抬頭日」，亦稱春龍節。龍是中國人最典型的圖騰。在西方人的神話中，龍大多是邪惡的象徵。而中國的龍，卻是高貴而威嚴的祥瑞神靈，主管天下之水，有翻雲覆雨的神通。在這個時節，中國的許多地方已經開始進入雨季，古人認為，這是天上掌管雨水的龍王在施灑雨露給人間萬物。

從踏青到龍抬頭

白居易的這首詩歌是江南二月二的一幅天然寫生畫：春雨剛過，天空清碧如洗，山坡上的野菜生長得繁茂而細密。那些春遊的少男少女，輕衫細馬，在渡口排列成一隊緩緩而行。

在南方，二月二是人們集聚踏春的好日子。這一天十之八九有雨，對蔬菜生長有利。唐宋開始，流行二月二春遊采菜，

甚至以「挑菜節」、「踏青節」命名二月二。

元朝的時候這一天被稱為「踏青節」，百姓在這一天出去踏青，女孩們也有戴蓬葉的習俗，諺雲，「蓬開先百草，戴了春不老」。

在南方不少地區，農曆二月已是春暖花開的時候，二月初二成了人們結伴出遊、賞玩春光的節日。

據傳說，有個人在二月初二這一天出去踏青時撿到一個被遺棄的嬰孩，抱回家後撫養成人，這人便大富起來。後來許多人便在踏青的時候採摘蓬葉在家門前拜祭，祈求「迎富」。

明朝時，人們認為二月二是天上主管雲雨的龍抬頭的日子，此後的雨水會逐漸增多，預示著這一年的好收成，便開始

把二月二稱為龍抬頭、春龍節。而至於這一天為什麼龍會開始抬頭，大概源自人們對星宿和氣候的觀察。

早在六千年前，中國人就產生了對龍的信仰，當時的文物中有玉龍、龍盤，商周時期的龍形象則更多。唐宋時，因佛教的傳入又出現了龍王信仰。《說文解字》中提到，「龍，鱗蟲之長，能幽能明，能細能巨，能短能長，春分而登天，秋分而潛淵。」

在正月之前的整個冬季，二十八宿中的東方蒼龍星座在黃昏時均隱沒在地平線下，人們認為這是龍在蟄伏。每年二月春分以後的黃昏，蒼龍星座的「龍頭」，龍角星開始從東方地平線出現，而身子尚隱沒在地平線下，故稱此時為「龍抬頭」。

二月二習俗雅趣

這一天，紫禁城各個宮門卸去了彩裝，北方年節的結束，以這一天為界限。人們很早起床，據說起得晚了就會「壓住困龍頭」，一年裡都會精神不振。學生們開始進入書房讀書，名為「占鰲頭」。

龍抬頭了，正月裡不能剃頭的禁忌可以開禁了，市民百姓

在這天相爭剪頭，寓意龍抬頭走好運。閨閣中的女子在這一天不能做針線活，擔心會刺傷龍的眼睛。這一天的飲食並無特別，卻大多以「龍」字命名。吃春餅，叫作「吃龍鱗」。吃餃子，叫作「食龍耳」。吃麵條便是「吃龍鬚」，也叫「抽龍筋」。吃米飯叫作「食龍子」，吃餛飩叫作「食龍牙」。

總之，都要加個「龍」字，討盡口彩。人們表面上雖然敬龍，但實際上卻隱含著一種對龍的戲謔和挑戰，如同鬧海的哪吒一樣，帶著想要壓住強龍的心理。

父親從街門外開始，用灶灰撒在房屋周圍，蜿蜒撒進院內，到廚房圍繞著水缸撒完，以防蛇蠍，這叫作「引龍回」。母親忙著在廚房用油煎元宵節祭祀剩下的黍麵棗糕和白麵煎餅，並不是給人吃，而是要用來熏炕或者床，稱為「熏蟲」。

據說，被熏完的床炕沒有蟲子敢接近，什麼蜈蚣啦，蠍子啦，什麼蚤虱蚊蠅、臭蟲等害蟲統統都會被熏跑，正所謂「百蟲不生」。嘉靖河南《尉氏縣志》說：「二月二日，俗名龍抬頭，謂驚蟄也，各家貼符禁語，及攤煎餅食之，以厭勝蛇蠍、蚰蜒，不使近人。」煎餅主要是想通過把麵食翻來覆去地油煎，以高溫來震懾春天萌動的害蟲。

「楊柳兒青，放空鍾。楊柳兒活，抽陀螺。楊柳兒死，踢毽子。」初春的日子，孩子們喜歡聚在寬敞的院子裡打陀螺。陀螺是木頭製作的，實心無柄，用繩子繞好了，一拋一抽，便在地上無聲地旋轉。

當它緩慢下來時，再用繩子鞭它，幫它加速，便可轉個不停。打陀螺也是孩子之間的一種競賽，打得好的，便驕傲得小臉兒都紅通通的，彷彿自己是個英雄一般。

女兒歸寧

二月二，新嫁的女子會在這一天歸寧。家家接女兒，途中香輿往來如織，女子們隨身帶著朱紅漆制的禮盒，裡面裝著帶給娘家人的各色饋贈禮物。在老北京，嫁出去的女兒被稱為「姑奶奶」。

正月裡，出嫁的女人們是不能住在娘家的，初二或者初五到娘家拜完年後也要當天趕回婆家。但到了二月二，娘家就會來人接「姑奶奶」回去，住上幾天或半個月。對於在婆家拘束忙碌了一個年節的女人們來說，回娘家無疑是一種解放和享受，而娘家一般要用春餅來招待回來的女兒們。

北京的春餅也叫薄餅，是一種用白麵烙成的雙層荷葉餅，可以揭開，塗上甜麵醬，捲上「合子菜」如豆芽拌粉絲、醬肘子等，味道鹹香可口。

被接回來的日子裡，「姑奶奶」們能夠承歡父母膝下，受到兄嫂弟妹的熱情招待，除了吃喝就是串門子聊天，與姊妹們玩樂遊戲。這是嫁為人婦的女子難得的休閒時光。

春社與土地神

「驚蟄一犁土，春分地氣通。」仲春二月，寒冷逐漸減弱，東南風送來徐徐暖流，樹木緩緩抽發新芽。在北方，農民已經挑選好種子和各色春耕農具，準備播種插秧。而南方的農事活動已經在如火如荼地進行了。

因為對土地的深深眷愛，農民對這個節日更為看重。「二月二，龍抬頭。大倉滿，小倉流」，剛剛留頭的娃娃們搖頭晃腦地唱著民諺，喜滋滋地奔跑在孕育著勃勃生機的廣闊田野上。

二月初二也是各地祭祀社神的日子。《孝經緯》中說：「社者，土地之神。土地闊不可盡祭，故封土為社，以報功也。」社神即土地神，屬於自然崇拜。

《荊楚歲時記》中說，春社這一天，周圍鄰居都集合起來，舉行儀式祭祀社神，殺牛宰羊獻祭酒。在社樹下搭棚屋，先祭神，然後共同享用祭祀用過的酒肉。四民聯合起來舉行社祭，就是百家「共立之社」了。

唐代的社日，皇帝會賜給寵信的臣子羊酒、海味、酒面、粳米以及蒸餅、環餅等。村民們敲鑼擊鼓，大家在村中長輩的帶領下備酒肉祭祀社神，也有巫儺儀式，神秘的老巫師跳著奇異的舞蹈，為人們傳達著神的旨意，人們深信不疑，共同祈求神明保佑今年風調雨順。

祭祀之後，村民們一同飲酒分肉，狂歡慶祝。到了宋代，土地信仰盛行，各地都有土地神的祠廟，春社的狂歡和土地的祭祀融為一體，難解難分。

明清時代，皇帝每年二月二都要到先農壇祭祀。從清朝雍正皇帝開始，每年的二月二又改為出圓明園，到一畝園扶犁耕田。過去曾有一幅年畫叫《皇帝耕田圖》，畫中是一個頭戴冬朝冠、身穿龍袍的皇帝正手扶犁把耕田，身後跟著一位大臣，一手提著竹籃，一手在撒種。牽牛的是一位身穿長袍的七品縣官，遠處是挑籃送飯的皇后和宮女。

　　在南方，土地神的信仰進　步具體化起來，城內外的土地神廟香火不絕，遊玩和祭祀的人非常多，人們以花盒燈香供獻酬神。雲南地方的人們認為，這一天城隍會出巡，先到土地神廟住上幾天，再協同土地神一起巡遊各村寨，到四月回廟中。

《皇帝耕田圖》畫的是宮廷活動的場面，卻充滿了民俗味道。皇帝親自耕田，一是為了祭祀土地神，二來也有催促天下人及時耕作之意，這是對百姓生活的一種關懷。

　　神明到訪之處，家家都要宰豬羊獻牲，邀請親友一起飲酒慶祝。人們用美酒祭祀田公田婆，把隔年的年糕油煎成「撐腰糕」，據說吃了這種糕，有腰疼病的就不會再犯。

　　「龍抬頭」之後，雨水增多、草木復甦、和風送暖等跡象愈發明顯，對於很多地方來說，這才是一年春天真正的開始。這個日子意味著「春」不再是一個單純的消息，而是可以看得

到、感受得到的喜悅和希望。

在黃河故道，各個村寨都會組織唱春社的社火隊伍，歌詞富有詩意，韻味深長，且喜且悲。賽歌中唱道：「咱把那天皇爺爺請下凡，保佑咱今世福無邊。咱把那東川西川都轉遍，打馬坐轎賽神仙。咱把那陰間陽間仔細看，自古誰能活百年？咱把那東山日頭背西山，一路風塵上九天……」

信仰、行走、理想和生死，這四個人的哲學命題在這小小的社火賽歌中全部表現出來。歌詞裡首先表達了中國人對天的信仰：天神、天皇、玉皇，這是道家思想的體現。而行走的經歷才能將智慧發揮到極致。人生欲求，若能富貴如神仙，便是理想的終點。但即便能夠在有生之年達成理想，卻發現了生死的問題，自古誰能活百年？

人生如此短暫，在日出日落的循環往復中走向終點，如孔子對水之歎：逝者如斯夫！然而正是這短暫的人生，代代傳承著文化與傳統的精髓。與其時時望向終點，不如趁著春意漸濃之時努力耕耘，讓理想和熱情生出繁茂的枝葉，這就是生命留在世上最恆久不變的價值。

花朝節

花朝　　明‧湯顯祖

妒花風雨怕難銷，偶逐晴光撲蝶遙。

一半春隨殘夜醉，卻言明日是花朝。

　　這是花事繁盛之時：燕子飛至，黃鸝鳴歌，桃花灼灼，李樹剛白，玉蘭花、紫荊花、梨花和杏花先後爭艷於春色之中。

　　民間傳說中，農曆二月十五是百花生日，所以叫花朝節。但各地風俗不同，具體日期也有差異，有人認為二月初二是「小花朝」，二月十五是「大花朝」。各地日期的差異，也許是因為南北地域上氣候變化不同的關係。

大唐傳奇中的護花使者

　　《風土記》中說：「浙間風俗言春序正中，百花競放，乃游賞之時。花朝月夕，世所常言，月夕乃八月十五。」位於二八月之央的花朝與中秋，是飽含「花前月下」風情韻味的中國式詩意節日。

　　花朝節始於唐朝，唐詩中常有「花朝」、「花神」之語，

傳奇中也多有花神故事，但卻少見花朝節的游賞風俗記載。據傳，每逢花朝節，女皇武則天便令眾宮女採集百花，和米一起搗碎，蒸製成馥郁芬芳的「花糕」來賞賜群臣。

在唐傳奇《博異志》中，有一則「崔玄微懸彩護花」的故事：唐朝天寶年間，有一個喜愛種花的人叫崔玄微。二月的一天夜裡，崔玄微正在園中品茗賞花，忽見一群容貌艷麗的女子前來拜訪，其中有個小巧玲瓏的姑娘，自稱石氏，但大家都叫她醋醋。女子們稱要借此園與封姨相見。

接著，便來了一位明眸皓齒的少婦，眾人起身行禮，並恭稱封姨。崔玄微命人上酒菜果餚，盡地主之誼。眾女謝過之後，把盞暢飲，高聲談笑。

封姨不慎碰翻了酒盅，醋醋的紅羅裙被沾污，她粉面含怒，拂袖便走。眾女子相顧驚慌，封姨板起面孔，恨恨地說：「小奴婢竟敢無禮！」夜宴不歡而散。

次日晚，那位醋醋姑娘再次前來並說明原委：原來昨晚那些美女皆是花精，醋醋本人是石榴花精，她們要來人間花苑迎春開放，可是那位叫封姨的風神出頭阻撓。花精們本想藉機向封姨求情，不料醋醋得罪風神壞了事。如今眾花精都埋怨她，

她只好求助於崔玄微。

醋醋要崔玄微準備一些紅色錦帛，畫上日月星辰，懸掛在園中的花枝上。崔玄微依言行事，屆時果然狂風大作，可是枝上的花卉有了錦帛，免過一災。當夜，眾花精又變成一群麗人來花園裡向崔玄微致謝，還各用衣袖混合了些花瓣讓他當場和水吞服。崔玄微因此延年益壽至百歲，且年年於此日懸彩護花，最終登仙。

花朝節的主題是花，這一天賞花、遊玩的人多，賣花的生意也分外興隆。圖為清朝時期的賣花小販。

中國人善於聯想。對於花兒們來說，大風自然是殘酷的。「一年三百六十日，風刀霜劍嚴相逼。明媚鮮妍能幾時？一朝漂泊難尋覓。」花精們雖然美麗且有法力，卻也不得不臣服於風神。

這個時候便融入中國人「一切均可商量」的思維方式，擺

酒席，說好話，不怕事情不成。至於那個闖禍的石榴花精，想來是因為編故事的人覺得石榴成熟裂開的樣子，很像一個口無遮攔的直率女子。護花使者崔玄微成功保護了花兒免遭劫難，所以也得到報答，長壽及登仙。這也算是典型的仙人報恩故事了。

撲蝶會

　　宋朝時候，開封府會在花朝節這天舉行「撲蝶會」。按洛陽當地風俗，士子、庶人均會於此日出遊踏青。江浙一帶正值春意酣濃，人們攜親邀友，去錢塘門外的玉壺、古柳林、楊府、雲洞、小湖等園遊玩。

　　地方政府的官員也會去郊外與眾鄉親宴會，與民同樂一番，並勸以農桑。這一天，閨閣中的女孩子們會剪五色綵繒，粘在花枝果樹上供人觀賞，名曰「賞紅」。很顯然，在花枝上系彩綃彩絹的習俗來源於唐傳奇中「崔玄微懸彩護花」的故事。

　　在古代的蘇州，種花業十分興旺。行業的興旺也帶動了信仰，虎丘有花神廟，就是為了感謝花神而建。人們到這裡祭祀、獻牲、娛樂，以祝賀花神生日。各地花匠花友聚集一堂，展示

自己的名貴花卉。花農們挑著整擔的茉莉花，進出街頭巷尾。少年男女漫步花間，愛情別樣動人。文人騷客觸景生情，寫出詩賦佳句。夜間，花樹枝梢上還張掛起「花神燈」，婆娑多姿，風情無限。

灌園叟晚逢仙女

明朝時候，北方人不大過這個節日。有人認為花朝節的由來與發展同佛教有密切關係，明人田汝成《熙朝樂事》中說，這天人們不再舉行「撲蝶會」，而是在西湖寺院開涅槃會，香客聚集，談論佛經。但江南蘇州的人們仍然能在夜裡聽到百花廟慶賀花神生辰的鼓笛音樂之聲，到廟中奉獻果品的人絡繹不絕。

明末馮夢龍的《灌園叟晚逢仙女》，講了一個關於花神顯靈幫扶弱小的故事。江南有一個名叫秋先的老人，酷愛栽種花木。某日，一個叫張委的惡霸將秋公心愛的花園摧毀了，秋公見滿園的鮮花凋殘零落，心痛得哭了起來。

正哭之間，只聽得背後有人問道：「秋公為何這般痛哭？」原來是一個女子，年約二八，姿容美麗，淡雅梳妝，不知是誰

家之女。秋公將張委打花之事說出。那女子笑道：「我祖上傳得個落花返枝的法術，屢試屢驗。」

秋公按照她的要求去做，發現殘花果然重上枝頭，各種花瓣色彩繽紛，比先前更好看了。這件稀奇事很快就傳到了張委的耳朵裡，於是他再次上門挑釁，給秋公套上了枷鎖，要將秋公投入牢獄。就在此時，那位美麗的女子現身了，她長袖翻飛，掀起一股狂風，將惡霸一夥像螻蟻一般吹走了，而秋公也被解救出來。原來，這位女子就是花神。

不難看出，花神的故事經歷了一定的進化和演繹，從唐代需要受人保護的角色轉變為明代這種匡扶正義的仙人形象。人們對世間萬物的態度，和世間萬物的關係都在不斷地調整和改變。

有的時候，人們保護那些美好的事物，用一些巧妙的手段和神話中的惡勢力爭鬥。有的時候，人們又寄希望於得到神靈的幫助，哪怕是柔弱的花兒，只要是正義的代表，也會迸發出堅定的力量。

賞花與葬花

　　民間認為，花朝節這天也適宜納採納吉，嫁娶迎親，幼兒穿耳。這天若是天氣晴朗，則百物豐熟。據載，慈禧太后曾於花朝節到頤和園剪綵系花，觀看《演花神慶壽事》。

　　在清代的北京，學堂中的同窗會「采百花醑飲賦詩，各學徒爭飲謁長，謂之花朝酒」。文人雅士邀三五知己，賞花之餘，飲酒作樂，互相唱和。

中國民間有不同版本的「十二花神」傳說，有的版本認為十二花神有男有女，但也有不少人相信，既然花像女子一樣嬌柔，那麼十二花神也應當都是美麗的女子。

　　晚清吳友如所畫的《十二花神圖》，一月是梅花神柳夢梅，二月是杏花神楊玉環，三月是桃花神楊延昭，四月是薔薇花神

張麗華，五月是石榴花神鍾馗，六月是荷花神西施，七月是鳳仙花神石崇，八月是桂花神綠珠，九月是菊花神陶淵明，十月是芙蓉花神謝素秋，十一月是山茶花神白樂天，十二月是臘花神老令婆。每一個月的花神都源於不同的歷史淵源和傳說故事，讓人深感中華文化的博大深遠。

　　曹雪芹的長篇小說《紅樓夢》在清代就已經極為流行，而《紅樓夢》中也充滿了花的故事，和少男少女的愛情一道構成了這部小說錦繡芬芳的畫面。書中點明林黛玉的生日是二月十二，與民間所說的花神生日相同。

　　書中又寫到「黛玉葬花」的片段，淒婉絕美。「花謝花飛花滿天，紅消香斷有誰憐？」一首《葬花吟》，是花神的輓歌，也是對自我命運和「閨中女兒」群體命運的深歎。

　　黛玉葬花的時間恰好在「餞花神」的日子，書中對大觀園的女孩子們早起為花神送禮物的情景先有一段描寫，指出芒種「餞花神」既是「尚古風俗」，也是「閨中風俗」，然後再寫黛玉出場葬花賦詩，整篇《葬花吟》淒美悱惻，既是自憐身世，也堪稱一篇花神祭，其民俗審美意義是不言而喻的。

花的文化情愫

　　早在商代，中國人就已經開始食用梅樹的果實了。《詩經》中記載有男女相嬉，贈以芍藥的民歌。也有姑娘擲梅子給少年，以示愛情的民歌。花和人之間，總有一種美好的文化情愫。花以其風姿國色和天然香韻給人以美的享受。

　　中國歷代文人，常常把植物人格化。梅花清標高韻，竹子節格剛直，蘭花幽谷雅逸，菊花操介清逸，梅蘭竹菊並稱花中「四君子」，為詩人和畫家所鍾愛。花神的信仰是植物自然崇拜擬人化的反映，也是來源於人們對花的鍾愛。那些傳奇中的花精或者花神，都是有血有肉、有情有義的可愛女子化身。

　　這是一個具有濃厚女性色彩的節日，在風俗上更多體現的是娛樂功能，受到士人和女子的推崇。正是這些民俗彩英，才使中華文化氤氳出淡淡的幽香。花朝節寄予著人們對美好事物的嚮往，對春日、生命和多彩生活的眷愛。

　　湯顯祖的《牡丹亭》中有段皂羅袍唱詞道：「原來奼紫嫣紅開遍，似這般都付與斷井頹垣。良辰美景奈何天，賞心樂事誰家院？朝飛暮卷，雲霞翠軒，雨絲風片，煙波畫船。錦屏人忒看的這韶光賤！」

　　杜麗娘的這段唱詞，說出了閨中女孩的小心思。在觀賞奼紫嫣紅開遍的春天之時，多愁善感的女孩們總是容易聯想身世，害怕美好的時光過去得太快，而紅顏易逝，這種傷春和那些容易被風吹落的嬌柔花朵一樣，脆弱而美麗。

　　但人的美麗，並不完全在於外在。年輕的女孩和年老的女人，哪個擁有真正的美？前者是一種盛開之美，無論臉龐是否精緻，青春總有辦法讓女人顯得精神煥發。後者是一種沉澱之美，歲月在美人的臉上雕刻的痕跡無情而沉重，但在這痕跡之外，一些擁有智慧的女人還留下了其他的一些東西。

　　杜拉斯在《情人》中寫道：「當我年華已逝的時候，一天，某個大廳裡，一位陌生男子朝我走來。他微笑著說：我認識你，永遠記得你。那時你還很年輕，人人都說你美。我來是特地告訴你，我覺得你比從前的時候更美……」真正的美，是要在歲月流逝之後才能充分感受到的，在經歷了愛或者遺失，理解了痛苦和執著，美才能慢慢復活，而不是隨著青春死去。

寒食與清明

木蘭花 · 乙卯吳興寒食　　宋 · 張先

龍頭舴艋吳兒競，筍柱鞦韆游女並。

芳洲拾翠暮忘歸，秀野踏青來不定。

行雲去後遙山暝，已放笙歌池院靜。

中庭月色正清明，無數楊花過無影。

江南春暖，不似北方乍暖還寒。清明前後，南方人流行用龍頭小船競渡遊戲。遊玩的女子坐在竹竿製成的鞦韆架上，風情萬種。人們遊覽春色、採集百草，女子們如行雲一般走過錦繡明媚的田野，在安靜的院中聽著悠遠的笙歌，感受日光與月色。

楊花飄落無影之後，清冷而甜蜜的寒食節就開始了。寒食節是一個古老的節日，日期是冬至後一百零六日，亦有以冬至後一百零五日為寒食節的，相傳始於春秋時代，是民間禁火掃墓的日子。「春分後十五日，斗指乙為清明。」

清明是二十四節氣之一，一般在寒食節後一兩天或者同時。由於清明與寒食的日子接近，到唐宋時期，兩者雖然來歷

不同，實際上已經逐漸融合。寒食既成為清明的別稱，也變成清明時節的一個習俗，於是清明之日人們不動煙火，只吃冷食。另外如掃墓、游春、插柳、蕩鞦韆等習俗，各地也都已經趨於一致了。

這幅畫選自清院本《清明上河圖》，展現了北宋汴河一帶在清明節的繁華景象。清明節之所以這樣熱鬧，一是因為此時氣候溫和，便於人們外出活動，二則因為這一天有諸多風俗，家家戶戶都要忙碌起來。

介之推傳說與龍星之忌

關於寒食節的由來，有兩種說法。

其一，有人認為寒食節是為了紀念春秋時期晉國大臣介之推而興起的。馮夢龍在《東周列國志》中寫到，晉獻公的妃子驪姬為了讓自己的兒子奚齊繼位，就設毒計謀害太子申生，申生被逼自殺。申生的弟弟公子重耳為了躲避禍害，流亡出走，

身邊只有幾個忠心耿耿的臣子一直追隨著他。

　　在流亡期間，重耳過著十分艱苦的日子，受盡了屈辱。一天，吃不下野菜的重耳餓得難以忍受，忽見介之推端著一碗肉湯給他，心中大喜，於是高興地吃了。他吃完問：「此處何以得肉？」介之推回答說是自己腿上的肉，重耳感動得落下淚來。

　　後來，重耳回國做了君主，就是著名的春秋五霸之一，晉文公。晉文公掌權後，對那些和他同甘共苦的臣子大加封賞，唯獨忘了介之推。有人在晉文公面前為介之推叫屈，晉文公猛然憶起舊事，心中有愧，馬上差人去請介之推上朝受賞封官。

　　可是，介之推並不貪求這些功名利祿，他覺得自己侍奉國君是發自真心，並非為了封賞。因此他拒不出面，還背著老母親躲進了綿山。晉文公便派人上山尋找，沒有找到。於是，有人出餿主意說，不如放火燒山，三面點火，留下一方，大火起時介之推會自己走出來。

　　晉文公於是下令舉火燒山，大火燒了三天三夜，卻始終不見介之推出來。火滅之後，眾人上山一看，介之推母子倆抱著一棵燒焦的大柳樹已經死了。

　　晉文公十分悲傷，為了紀念介之推，下令把綿山改為「介

山」，在山上建立祠堂，並把這一天定為寒食節，曉諭全國，每年這天禁忌煙火，只吃寒食。人們思念介之推，便在門上插柳條，還用麵粉和著棗泥，捏成燕子的模樣，用楊柳條穿起來插在門上，叫「之推燕」。

也有人認為，介之推的故事是後世附會之說，寒食禁火本來源於周代一年一度的改火禮俗。改火是一種古老的習俗，也叫「改木」，指的是古人鑽木取火，舊火種使用久了，就要換一根木頭重新生火。

《秋官‧司烜氏》中提到「中春，以木鐸修火禁於國中」，而《論語》中則有「鑽燧改火」的記載。古時候人們把周天恆星分為二十八宿，東方青龍宮的角、亢二星宿稱為「龍星」，龍星在五行之中居木位，春季出現於東方，將使人間突發火災。

因此，在龍星初現的時候，必須熄滅舊火、改用新火，否則將會給人間造成災難，這就是龍星之忌。此外，古人也相信，火種久傳容易滋生毒氣，為了健康考慮，有必要每隔一段時間進行改火。

綜合上述兩種說法，不妨得出這樣的結論：上古之時，人們崇拜山川和日月星辰的神奇力量，臣服於水火的威力，也熱

衷於對歷史故事的傳播，自然崇拜與人性化的傳說相結合，形成了每年清明前後更換新火、只吃寒食的習俗。

而介之推是一個比較複雜的人物，一方面對君王忠心耿耿，一方面又對世俗的功名利祿有消極反抗的情緒，大有「不食周粟」的伯夷叔齊之風。

中國學者一方面認為介之推流於書生的迂腐，一方面又推崇這樣不屈的風骨。而百姓倒並不在意這些，他們只是一如既往地遵從古代的風俗和禮儀，並且在生活的細節中大加創新，為寒食節融入更多值得品味的風習。

寒食亦美味

在古代，人們認為火禁不嚴，必將有風雹之變。官府對寒食禁火管制得非常嚴，如果某一家爐中有溫度，便將一根雞的羽毛插入爐灰中，羽毛變焦了便證明有罪，輕者罰香紙錢，重者甚至被判死罪。因此在寒食節前一天，各家各戶就把爐火潑熄。因為寒食忌火，人們在節前幾天就開始做甜品，如麥芽糖、佐食冷粥、干餅等便於下嚥充飢的食物。

隋朝的時候，一度中斷的改火儀式再次復甦：寒食節熄滅

舊火，清明節出新火，使寒食更盛。唐代是清明前兩天就開始禁火，到了第三天清明節晚上，宮中掌管膳食的尚食局組織少年們在殿前用榆木鑽火，先鑽得的人將火種進獻給皇帝，會得到三匹絹帛和一口金碗的賞賜。

皇帝命人傳出火炬給公卿近臣，民間便也可以舉火生煙了。皇帝會在宮中賜宴群臣，宴會上也是冷盤冷饌，屆時殿前會上演百戲，雖是冷盤冷酒，卻也足以醉倒朝堂眾臣了。

寒食節這天，江南的街上賣餳（餳同糖，用麥芽或谷芽等熬成的糖）的小販很多，並吹簫招攬客人。李商隱詩中說：「粥香餳白杏花天，省對流鶯座綺筵。」

百姓之家用粳稻米、大麥和著乳酪，舂碎杏仁煮成粥。孩子們手裡捏著青團，輕輕地嗅著，透過那誘人的青碧色，能聞到燕麥草的淡淡香味。大人們圍坐在杏花樹下，吃著糯米糖藕、冷粥和糖，喝著甜酒果漿，倒也別有一番滋味。

宋代承襲了唐代的鑽火之儀和寒食之風，到了元代，節日雖存，但寒食的風俗逐漸衰落，明代雖然也有吃寒食的人家，但禁火習俗幾乎絕跡。在清代的北京，雖然仍有寒食遺俗，但已經不再禁火。各類寒食佳品新鮮豐富，冷熱兼有：主食有棗

餅、麥糕。天壇的龍鬚菜，味極清美。還有香椿芽拌麵筋，嫩柳葉拌豆腐，蘆筍膾鱖魚……

　　希臘神話中的普羅米修斯為了給人類傳播火種，甘願每天忍受被鷹啄肝之苦。他反抗宙斯的時候說：「寧願忍受一切痛苦，但絕不歸還火種。」火在中國人的神話中也一樣重要。中國的遠古神話中，火神祝融傳下火種，教會人們用火，讓人們吃到了熟食。

　　而傳說中的神鳥鳳凰，在生命將盡時便會集梧桐枝自焚，在烈火中重生：「其羽更豐，其音更清，其神更髓」。浴火重生的傳說反映了中國人置之死地而後生的哲學理想，當鳳凰從火中再次振翅沖天時，牠的燦爛光芒照亮的又豈止是人類的雙眼？人們在寒食節熄滅舊火，在清明之日迎來新火。寒食的冷，可以看作一種苦修，也可以當成一種齋戒，表現出迎接新火的莊嚴敬重，以期博得新火神的歡心。

　　而中國人向來善於化腐朽為神奇，即便是冷食，也能烹飪得有滋有味，富於詩意。當新的火種開始燃燒時，人們的生活也有了新的開始。

清明祭祖

清明時節，燕子呢喃飛回，在高堂畫棟的人家啣泥結巢而居。陽光格外溫暖起來，風也帶著似有若無的花香：丁香紫、壽帶黃、杏花紅、梨花白，桃李杜鵑開得鮮艷芬芳，惹起人們流連惜春之情。

但若是有雨，則情境大不相同。因這一天是祭祀逝者的日子，又平添了幾分離愁別恨。清明祭祖，可以在家裡或者祠堂祭祖，焚香叩頭，供奉祭品。但更多的人在這天選擇上墳掃墓，也稱墓祭。

對於中國人來說，祭祖掃墓、追思故人既是一種禮節上的儀式，也是孝道和親情的體現。

　　墓祭祖先的習俗始於春秋戰國之際。孟子曾講述「齊人有一妻一妾」的故事：齊國有一個人，家裡有一妻一妾。丈夫每次出門都飽食爛醉而歸，妻子問他一道吃喝的是些什麼人，他說全都是富貴人家。

　　妻子對妾說：「丈夫出門，總是酒醉肉飽地回來。問他和些什麼人一道吃喝，據他說全都是貴人，但我們卻從未見過有貴人到家裡來，我打算悄悄地看看他到底去些什麼地方。」

　　第二天一早，妻子便尾隨在丈夫的後面，發現丈夫所經之處，無人願意理會他。丈夫最後走到了東郊墓地，向祭掃墳墓的人乞討剩餘的祭品吃。不夠，又走到另一個墓地……可憐的妻妾終於明白，丈夫原來是如此飽食終日的。

　　孟子所講的這個故事說明，當時中國已經有了以酒食墓祭先人的習俗，但應該僅是富貴人家，窮人財力有限，所以這一習俗並不普遍。

　　因儒家學說的影響、宗族勢力的擴大，到了後來，墓祭風俗逐漸發展。人們攜帶裝有酒食果品的食盒，帶著紙錢、紙錠等到先人們的墓地祭掃，將食物供祭在逝者墓前，炷香奠酒。將五色紙錢製成的紙幡插在墓的左側。整刷碑刻，為墳墓培上

新土，折幾枝嫩綠的柳枝插在墳上，然後眾人共同行禮祭拜，灑淚墓前。更有善歌的人，唱起寒食節的歌曲，聲調哀婉，讓人不忍卒聽。

「南北山頭多墓田，清明祭掃各紛然。紙灰飛作白蝴蝶，淚血染成紅杜鵑。日落狐狸眠塚上，夜歸兒女笑燈前。人生有酒須當醉，一滴何曾到九泉。」宋人的這首《清明》，將人們祭祀逝者的悲傷描述得入木三分。而那些看不到紙錢的孤墳，則令人倍感淒涼。

也有官府或民間組織公祭這些無祀之鬼，給他們燒些紙錢，讓這些沒有親人祭祀的孤獨魂靈也能在清明的節日中感到一絲慰藉，當然，更重要的是要讓這些「孤鬼」不生嗔恨之心，安分守己，不要為害人間。對於那些遠行在外的遊子來說，在水邊「望鄉拜」（即望祭）是必不可少的，這也是中國人的祭祀傳統。

《紅樓夢》中，林黛玉看戲的時候曾經評論《荊釵記》中的「男祭」一段，「這土十朋也不通的很，不管在那裡祭一祭罷了，必定跑到江邊上來做什麼！俗語說，『睹物思人』，天下的水總歸一源，不拘那裡的水舀一碗，看著哭去，也就盡情

了。」

對於逝去的人，即便不能親自到墓前祭拜，哪怕只是在水邊望鄉而祭，追懷的心也是一樣虔誠和傷感的。

中國人講究孝道，儒家提倡以「孝」為先。孔子說：「生，事之以禮。死，葬之以禮，祭之以禮。」

孔子對「孝」的行為要求得很具體：父母活著時，要恭敬侍候，盡心照顧。父母仙逝，要憑自己的身份和能力去處理後事，以盡哀思。而隨著時間的流逝，人們也不能忘記父母和先祖的生養教育之恩，在年節祭日要盡心地去祭祀追懷。

孔子的「禮」不僅指禮貌和禮節，那只是最表面的行為，真正的目的是要喚起人們從內心深處對父母和祖先的感恩和懷念。

孟子曾經以古代原始社會為例，說當時並沒有喪禮文化，父母死了，子女不懂得埋葬，就把屍體丟在山野之中。過幾天路過山野之時發現父母屍身被狐狸啃咬、蚊蠅吸吮，於是臉上冒出汗來，內心十分悔恨，就埋葬了父母。

所有的禮儀，都來自內心情感的需要和表達。當哭歌聲響起，人們懷著一份對先人的摯愛，一絲不苟地祭祀逝去的靈魂，

憶起那些遙遠的往事，宣洩一份真誠的哀痛，也是為了告訴自己，生與死，從來都是沒有分開過的。

踏青、插柳

清明既有祭掃新墳的傷情淚，又有踏青遊玩的歡笑聲。人們哭祭之後，並不馬上返回家中，而是帶著酒樽食盒，到風景秀麗的山林樹下或者春光爛漫的園圃之中，與親朋好友踏青聚餐。

主人和客人羅列杯盤，互相勸酬，到了日暮時分，眾人皆已頹然醉倒，不知是悲是喜，直感歎人生無常，亦癡戀人間繁華。也有專門為踏青而來的游春者：有的唱歌談笑，有的攜佳人嬌客泛舟湖上，有的相約友朋在草地上吟詩作對。

據傳西漢時，長安女子郊野春遊，遇到有花，就會停下來設座休息，將紅裙掛在樹枝上做帷幔。

在宋代的江南，清明掃墓踏青成為郊遊的盛會，全城的人都往城郊而去。

南北兩山之間車馬雲集，桃柳蔭濃，紅翠間錯，春遊的人衣著華麗，賞花談笑。《東京夢華錄·清明節》中說，人們自

帶著炊餅、黃胖、掉刀、名花異果、山亭戲具、鴨卵雞雛，謂之「門外土儀」。

賣香茶細果的商販雲集此處，雜耍藝人們各自亮出絕活：走鋼索、驃騎、飛錢、拋鈸、踢木、撒沙、吞刀吐火、躍圈、觔斗、舞盤，也有各色禽蟲之戲。優伶妓女吹拉彈唱，在花船上招攬客人。

北宋畫家張擇端的《清明上河圖》正是描繪了北宋都城汴河兩岸的風光。畫面上男女老幼、士農工商、三教九流無所不備，畫出了清明節人們踏青游春的風俗美景。

這天還有插柳和簪柳的風俗。古代的改火儀式中，一般以柳木鑽火，皇帝賜子民以柳楊之火，故此柳枝也成了吉祥高貴之物，人們把傳火所用的柳條插在門前，有向鄰人炫耀的意思。

《燕京歲時記》中說到，唐高宗時，在三月初三上巳節賜給侍臣細柳圈作為辟邪之物，戴上可以避毒祛病。這種習俗也許是源於柳的強大生命力，隨便插在什麼地方都能成活。

佛教中，觀音菩薩手中的淨水瓶、甘露水和楊柳枝便有著起死回生的神奇力量，楊柳枝蘊含著新生不死之意。到了宋朝的清明節，家家戶戶都在屋簷、門楣上插柳，南方尤為盛行。

宋代詞人柳永擅長詩詞，通曉音律，教坊樂工有了新曲，必定求他填詞，之後這曲很快就會流行於大江南北。柳永一生窮困潦倒，放浪不羈，與風月場所的歌女們往來密切。他去世時，連喪葬費用都是歌女們湊齊的。此後每至清明，歌女們就會去他墓前插柳祭祀。

楊韞華詩中說，「清明一霎又今朝，聽得沿街賣柳條。想約毗鄰諸姐妹，一枝斜插綠雲翹。」在江蘇吳地，小販們一大早便滿街叫賣楊柳，人們買回去插在門上和屋簷上，也掛在踏青的車轎上。孩子們衣服上別著、手上拿著柳枝。年輕女子相聚在小姊妹家中，將柳毛、柳尖、嫩柳、柳葉編成別緻的樣式，將柳枝結成球戴於鬢邊，據說如此就會容顏不老。

民諺云：「清明不戴柳，來生變黃狗。」在北方，媽媽們用柳條將祭祀剩下的蒸餅和點心穿起來，到立夏的時候油煎給孩子吃，據說這樣夏天就不會得時疾。

清明是奇異的一天。這一天的基調，或者悲傷，或者歡樂，或者兩者兼有之。當我們追懷逝去的先人時，痛哭是一種辦法，也是一種解脫。

而宣洩之後，竟然有一種不可思議的暢快。人們意識到，

春夏秋冬的更替並非是源於那些古老的巫術，而是由一種更為
強大的力量主宰。

　　這種力量決定著四季輪迴，也決定著人們的生死。而這種
力量所帶來的春天和萬物，又是如此美好，彷彿能夠沖淡一切
悲傷的情愫。死者已矣，生者還要繼續面對生活。

　　在清明這天，人們踏青所摘採的每一朵野花，每一條柳枝，
似乎都帶著哲學的追問。

人間遊戲在清明

蕩鞦韆

　　鞦韆傳說是春秋時期北方的山戎族所創，後來齊桓公北征
山戎，「鞦韆」也由此傳入中原。

　　《事物紀原》記載：鞦韆是漢武帝后宮的遊戲用具，本來
叫作「千秋」，是祝壽之詞，後倒語為「鞦韆」。後來，鞦韆
廣為流行。每到寒食、清明時節，宮中的匠人便在木架上懸掛
兩條繩子，下面拴上橫板，做成鞦韆。

　　宮女們或坐或站於其上，將身子拋向天空，裙裾飄搖，若
御風而行，飄逸如仙。民間市井也紛紛傚傚，一時風靡長安城。

宋元時代盪鞦韆也很盛行，而到了明清時代，盪鞦韆主要流行於北方，多是女子、孩童所玩的遊戲。

三月天氣清明，紫禁城中，坤寧宮及各妃嬪宮內都要安放鞦韆，還要疏通宮內溝渠，油漆木桶水管，宮中的大銅缸也要刷洗換上新水。後花園內楊柳如煙，隔著粉色的紗簾，可以隱約看到花枝顫動，妃嬪、宮女們頭挽玉簪，靚妝而坐，盪起鞦韆時飛紅飄紫，翩若舞蝶。這些美好的情景如詩如畫，仿若就在眼前，令人不覺心動。

史籍中記載了一椿因盪鞦韆而促成的姻緣。元朝大德年間，宣徽院使孛羅家府邸豪華，家中有個花園名為杏園。清明那天，孛羅家的眾女眷在杏園中辦鞦韆會，一個騎馬的公子拜住偶然經過，在柳蔭中窺見女子們的絕色風情，不禁傾倒。拜住公子回家後，便請母親遣媒人前去求親，孛羅見拜住公子相貌不凡且才學兼備，就招他為乘龍快婿，成就了一段美事。

古時候，女子們平日裡溫柔順從，在家從父，出嫁從夫，但這春光中的鞦韆，讓女子們藏於深閨中的嬌媚容顏綻放在陽光下，讓她們纖弱的身體迸發出一種「上善若水」的柔韌力量。

女人創造了生命，延續著愛情，也以躍動的身姿回應著春

季萬物生命的律動。女子的鞦韆之戲，也正恰似一種巫儺，用一種身體的流動美感去祈禱萬物的復活，迎接神秘的季節更替。

放風箏

曾經有一首老歌唱道：「又是一年三月三，風箏飛滿天……」聽來十分溫馨，回味無窮。三月的風最好，正是放風箏的好天氣。然而清明之後，風向開始改變，就不能放風箏了。

春秋末年，魯國的墨子花了三年時間，用木頭製成了一隻木鷂，但只飛了一天就壞了。而魯國另一位巧匠公輸班，即民間所熟知的魯班，曾經「削竹為鵲」，使之飛上天空，三天不落。這應該是風箏最早的雛形。

唐宋時期興起的造紙業改變了人們的生活，而風箏也改由紙糊，很快傳入民間。放風箏由此成為小兒女所鍾愛的遊戲。宋明時期，風箏已在民間廣泛流行，扎制風箏的藝人技藝高超，尤以山東為最。清代，風箏藝術達到鼎盛階段，於山東濰坊形成了固定的風箏市場，各地的商賈都來濰坊購買風箏。

「春衣稱體近清明，風急鷂鞭處處鳴。忽聽兒童齊拍手，松梢吹落美人箏。」蘇州的春日，紙鳶滿天飛。紙鳶俗稱鷂子，所以清明日放風箏也叫「放斷鷂」。

　　風箏的式樣新奇，種類也繁多，有龍、鰱魚、蝴蝶、蜻蜓、蜈蚣、金魚、鷹、鶴、燕、蝶、蟬。也有七星、八角、花籃、明月、燈籠。有群鳥拱鳳凰的組合風箏，也有粉面黑鬢、白衣紅裙的美人風箏。有的巧匠還把燈連在風箏線上，做成連三接五的鳶燈風箏，這種風箏在晚卜放飛，十分醒目。

民間手工業日益發展，風箏的外形也越來越精美。風和日麗的天氣裡，五顏六色的風箏飛起來，放風箏的人也春光滿面，想來也是十分動人的畫面。

　　有的風箏背上還裝置了能發出聲響的笛子、紙鼓、彈簧片，放飛了還能發出聲音，最受孩子們青睞。媽媽告訴孩子，放風箏的時候要仰著頭，張著嘴人口呼氣，這樣可以洩去內火，有益身體。孩子們在田野空地上來回地跑著，陣陣東風拂面，這樣的快樂也會一直保留在他們的記憶中。

　　《紅樓夢》第七十回也寫到「放風箏」。先是一個大蝴蝶風箏掛在竹梢上了，引起眾姑娘丫鬟的興致，紛紛去到大觀園的寬敞地下放風箏：有美人風箏，還有軟翅子大鳳凰、大魚、大螃蟹、大蝙蝠、一連七個大雁的，都放起來。中間還有一個插曲，不知誰家的鳳凰和三小姐探春的鳳凰纏繞在一起，偏偏又來了一個喜字，眾人都笑這樣可巧。

　　曹雪芹把放風箏寫得這樣仔細，是因為他自己對此頗有研究，曾經著有《南鷂北鳶考工志》。

　　人們放風箏到最後，要用剪刀把繞絲線齊根剪斷，任由風箏飄搖而去，名曰「放晦氣」。

　　可見放風箏也是一種巫術遺風，把壞的運氣寄於風箏之上，隨著放風箏的人在心中默默祈禱，這風箏便承載著所有的病痛和衰運，遠遠地飛走了。

鬥雞

　　鬥雞遊戲起源很早。《國策‧齊策一》中則說，臨淄之民素愛「鬥雞走犬」。所謂鬥雞，就是讓兩隻發情期的公雞互鬥，直到其中一隻敗陣為止。得勝的那隻必定趾高氣揚，猶如戰場上的將軍。

　　雞們本來相安無事，可是主人們為了生活刺激，也為賭博之彩，一定要牠們分出輸贏不可。

　　唐玄宗時，宮中設有「御雞坊」，選百名少年專門馴養訓練鬥雞，每值清明節，還會進行鬥雞表演。甚至於因鬥雞而引發皇室矛盾，也是常有的事情。

　　鬥雞的日子裡，宮廷樂隊要奏樂，後宮佳麗也跟著押賭注，花蕊夫人寫的《宮詞》中提到，賭注還有十床紅羅被。王公貴族們不光要攀比權勢財富，有時還要靠鬥雞來逞強。在民間，鬥雞活動更為流行，很多人甚至因鬥雞致富。

　　在荊楚之地，寒食節不僅有鬥雞遊戲，也盛行雕畫雞蛋、「鬥雞卵」等活動。古時的富戶喜歡吃雕畫有圖的雞蛋，還要染上藍紅等顏色。人們把雞蛋放在菜盤和祭器裡，相互贈送。

　　張衡在《南都賦》中提到，春天的雞蛋、夏天的筍子、秋天的韭菜、冬天的韭菜花都是滋補身體的鮮品。

　　張籍《少年行》中寫道：「日日鬥雞都市裡，贏得寶刀重刻字。」於鵠的《公子行》云：「馬上抱雞三市鬥，袖中攜劍五陵游。」鬥雞在愛好者的眼中，似乎成了勇者的遊戲。

　　想想古代那些英俠公子，騎馬佩劍，還抱著雄赳赳的大公

雞，令人不免發笑。鬥雞或許和羅馬的鬥獸表演有相通之處，把刺激性的表演、賭博和聚會融於一體。但中國人素來溫良恭儉，所以只聽說有小型的禽類之鬥，倒不曾如羅馬人一般令人獸相鬥，猙獰恐怖至極。

蹴鞠

　　寒食清明，男人們除了鬥雞走馬，還要玩蹴鞠，也就是踢球。蹴是踢的意思，鞠就是球。在古代，蹴鞠十分流行，可以一個人踢，也可以一群人比賽。所用的球大小如拳頭，大多是皮料製成，內襯棉花或者充氣的動物尿泡，輕盈精巧。也有用堅韌質輕的木材製成的，中間掏空，外面塗上鮮艷的顏色，雕飾精美。

　　唐朝的女人們也玩球，一般是騎驢組隊打球。據說女皇武則天騎馬射箭樣樣精通，在宮廷的擊鞠表演中十分搶眼，英姿俏影令後來的高宗皇帝不禁傾心於她。也有一種叫作「步打」的遊戲，是徒步持杖打球，類似現代的曲棍球。

　　還有一種「白打」，採用個人獨踢或多人互踢的形式。此外還有拋接綵球的遊戲，也很適合深宮中的妃嬪們消遣娛樂。宋朝也流行球戲。

　　《水滸傳》裡的高俅，書上說他「踢得好腳氣球」。原本他只是一個幫閒的混混兒，因一天小王都太尉差他去給端王送東西，端王恰巧正在踢球。高俅一見那圓圓的球便技癢難忍，使了一個漂亮的「鴛鴦拐」把球踢到了端王腳下，令酷愛蹴鞠的端王驚歎賞識，從此他就成了端王的心腹。

　　哲宗死後，端王做了皇帝，這就是宋徽宗了。上有所好，下必甚焉。上位者的愛好和作風，總是會影響一個時代的風尚，君王則更是如此。唐宋時期的皇帝多愛玩蹴鞠，常在宮廷組織蹴鞠比賽，民間則更為興盛。

蹴鞠活動之所以在唐宋時期廣為流行，與皇帝的愛好不無關係。本圖名為《宋太祖蹴鞠圖》，畫的是宋太祖趙匡胤與眾大臣踢球的情景。

元朝時，統治者不再推崇蹴鞠，而明代朱元璋更曾下令「蹴鞠者卸腳」，但民間還是有好此道者。到了清朝，順治帝和乾隆帝都明令禁止蹴鞠，蹴鞠運動從此便蕭條起來。

寒食與清明的結合，不是偶然的。兩個節日不僅日期相近，連邏輯關係上都異曲同工，無比契合。寒食節舊火熄滅，清明節新火重生。跳動的火苗，帶給人們溫暖和熱食，為人們驅趕走了兇猛的野獸。但火同時也是危險的，火的暴怒和蔓延會帶來毀滅。帶著這樣的感受，古人心中的火，就是一個有生命的精靈。當遭受與火有關的災難時，人類就會認為是火的精靈在作祟。

那些舊火如年邁老者一般多病，是易於作祟的精靈，會通過食物把疾病傳給人類。故此，人們要熄滅舊火，迎來生機勃勃的新火。而清明中最重要的活動——祭祖掃墓，則是活著的子孫對死去祖先的追懷祭拜。

民間諺語常說：人死如燈滅。人的生死與火的燃熄，是如此相似。秦皇漢武，歷代君王，無一不想永生，但這終歸只是一個無助的夢罷了。無論生前如何高貴顯赫，死後都只留荒塚枯骨而已。

　　人要永生，唯一的方法是讓自己活在後代子孫的心中。當我們採摘清明帶露的野花前去祭拜那些逝去的祖先時，我們身上的一部分就是他們，他們的血脈在我們的身體裡湧動傳承，如同新火與舊火之間，沒有舊火的熄滅，哪裡有新火的燃燒呢？

夏季篇

　　夏季裡的節日是勇敢的種子。從立夏的那天開始，酷熱的暑氣和由此而生的毒瘴瘟疫就開始困擾古人。不僅體弱多病者難以熬過這炎熱和瘟疫，這個時節的初生兒也難以存活。

　　清代李漁的《閒情偶寄》中說：「一歲難過之關唯有三伏，精神之耗，疾病之生，死亡之至，皆由於此。」五月端午的百般禁忌，插菖蒲、艾草等種種辟邪禳災的習俗充分反映了古人對這個季節的極大恐懼。

　　但中國人向來不缺乏堅定的意志和超凡的勇氣，面對夏季自然環境的嚴酷，人們沒有畏懼，而是採取各種方法做出規避和改變：六月六曬衣物書籍是順應天時，浴佛節的浴佛儀式、素齋和放生是人們在信仰上尋求依賴感的表現，而解暑的冰塊和開胃的立夏飯、清淡的飲食和養心怡情的精神修習則是中國人在幾千年的傳承中提煉的生活經驗。

　　這些民間智慧和節日儀式使盛開在夏季的「惡之花」逐漸變成了眾人齊聚歡慶、怡情享樂的溫馨節日。

　　孔子說：「勇者不懼。」中國古代的勇者，如手持魚腸劍、萬夫莫敵的刺客專諸，如刺膚戳眼而毫不退縮的北宮黝，如敵人強大與否都無所畏懼的孟施捨。這些人雖然都是勇者，但孔孟所推崇的大勇指的是內心嚮往正義和道之所在，為此「雖千萬人，吾往矣」。

　　這種「大勇」不僅存在於真正的英雄和聖賢心中，更存在於民間，展現在人們的日常生活和節日儀式中，隨著歲月的更迭和時間的流逝，深深烙印在中國人的血脈之中。

立夏

立夏　　宋・陸游

赤幟插城扉，東君整駕歸。

泥新巢燕鬧，花盡蜜蜂稀。

槐柳陰初密，簾櫳暑尚微。

日斜湯沐罷，熟練試單衣。

　　當城中豎起紅色旗幟的時候，東君句芒要離開了，這也意味著春天的結束。燕子啣泥壘成新巢，嘰嘰喳喳地叫著。春盡花落，蜜蜂也稀少起來。冬小麥揚花灌漿，油菜已近成熟，野菜開始漫天遍野地瘋長起來。天氣開始微微有點熱，槐樹的樹蔭逐漸濃密起來。在黃昏沐浴之後，人們穿上單衣，也已不覺涼意了。

　　《淮南子》中寫道：「螻蟈鳴，邱蚓出，陰氣始而二物應之。」意思是此時陽氣至極，陰氣開始滋生。感受到這種變化之後，螻蟈開始競相鳴叫，蚯蚓也翻新泥土。

　　這一天，郊野上有一種嫩黃色的花開得鮮艷異常，這是迎夏花，開於五月。而這一天，皇帝也要帶領群臣舉行祭祀活動。

祭祀是為了表達對赤帝的敬意，消除全國的瘟疫，祈求平安與豐收。宋朝時，朝廷還要祀南嶽衡山於衡州，祀南鎮會稽山於越州，祀南海於廣州，祀江瀆於成都府。

冰盞兒

從唐朝開始，夏至日皇帝會賞賜近臣冰塊及美酒，在酒中加冰同飲，解暑氣爽，不亞於現代的威士忌加冰。女人們會進彩扇，以脂粉香囊互相贈送。宋朝皇帝從初伏開始，連續賞賜臣子冰品。

到了明清仍沿襲此俗，朝廷在這天要打開冰窖，把上一年冬天冷藏的冰塊賜給百官，以示聖上恩寵。民間的百姓雖然並無皇帝的賞賜，卻也不愁吃不到冰食。賣冰的商販推著木桶車，裡面裝著冰塊、酸梅湯和冰鎮果子，手拿著兩個小銅盞，敲擊成聲，名為「冰盞兒」。 冰盞兒也叫冰碗兒，是兩個生黃銅製成的小碗，食指夾在中間，上下一掂，便會發出聲音。商販把這冰盞兒敲得抑揚頓挫，清脆悅耳，頗有自得其樂之感。

每年春末夏初起，一直到八月十五，北京的街頭胡同裡經常會聽到冰盞兒聲，伴隨著 「冰鎮熟水梅湯」的吆喝聲，就知

道賣酸梅湯的來了。孩子拿著零錢，喝一杯清爽適口的酸梅湯，心裡開心得飛上了天。媽媽拿出平日曝晾的春芽，和入米粉中，煎成各式點心果碟，用以親友之間的饋贈。又用清明柳穿的麵點，煎成孩子們愛吃的香脆小點心，這叫作「宜夏」。

夏日一到，各種茶湯冷飲受到人們的歡迎。隨著飲食的改變，一系列全新的節日和習俗也拉開了序幕。

七家茶與立夏飯

在江南水鄉，各家各戶在立夏這天會烹製新茶。茶要選好茶，輔料調配，汲來活水，升爐細烹，並配以時鮮水果，送給親友鄰居，叫作「七家茶」。

豪門富戶為了炫耀攀比，預備的茶點更為名目繁多：糕點果品雕刻精美，用金箔裝飾。又以哥窯和汝窯的名貴茶具，盛裝如茉莉、林禽、薔薇、桂蕊、丁檀、蘇杏這般上等香茶。也

有風雅之士、文人墨客，在此日舉行「斗茶會」，品茶賞果，分韻賦詩。

入夏之後，老人、孩子和體弱多病者常常會睡眠不佳，飲食不振，這叫作「疰夏」。為防「疰夏」的疾患，人們也會喝另外一種不同的「七家茶」：烹製茶水的燃料要用「隔歲撐門炭」（舊時用隔年的門撐、門栓燒成的木炭），茶葉則要從七家鄰居討來，茶中還要泡桂圓、荔枝、青橄欖等清香細果。據說，喝了「七家茶」，這一夏天都不會生病了。

在湘江杭州地區，小孩子們還有個新奇的習俗，就是做立夏飯，也叫「燒夏夏飯」。每逢立夏前一天，孩子們扮成小乞丐的模樣，向鄰家每戶討要柴米豆肉，去各家菜園「偷」點蠶豆、蒜苗和筍，在立夏當天，如真的「過家家」一般，在屋外有模有樣地做起飯來。

蔬菜、米飯和肉混合煮成的立夏飯味美又健康，特別會引起小孩子的食慾。祖母說，這樣可以防止中暑、壓勝求吉。

過去的老人們常說，那些穿「百家衣」、吃「百家飯」長大的孤兒和流浪兒，往往能夠平安健康地長大，甚至不乏有大作為者。這樣的迷信也不難理解，一個從小受過苦的人，心性

一定更為堅韌，而他所得到的那些善意和祝福，也會促成他的成就和正直。立夏的七家茶和燒夏夏飯等習俗，正是吸收了這種民間意識的風俗產物。

立夏三鮮品：櫻桃、青梅與鰣魚

民間有「立夏見三新」的說法。新即是鮮，是指立夏時候的時鮮。

明清時期的江南，每到立夏之日，家家都以櫻桃、青梅和麥子供奉神靈，祭祀祖先。無錫的「三鮮」更為講究，分為「地三鮮」、「樹三鮮」和「水三鮮」。

地三鮮即蠶豆、莧菜、黃瓜，樹三鮮即櫻桃、枇杷、杏子，水三鮮即海螄、河豚、鰣魚。而官宦富商之家，講究吃玄武湖的櫻桃、高淳的青梅和鎮江的鰣魚。櫻桃味道甘美，健脾美容。青梅就是未成熟的梅子，用蜜糖拌著吃，酸甜可口。鰣魚三月出於揚子江中，肉嫩且細，是不可多得的佳餚。

供奉神靈之後，鄰里親朋一般會在一起吃飯，宴會備有燒酒、米酒、饅頭、麵筋、燒鵝、酒釀，還有李子、螺螄肉、白筍、蠶豆、芥菜、鹹鴨蛋等各種佐餐食物。正所謂：「春梅夏餅與

櫻桃，臘肉江魚與飯糕，莧菜海蜦鹹鴨蛋，燒鵝蠶豆酒釀糟。」

　　總之，在立夏時節，能夠吃上時令新鮮的食物，就是很幸福的事情。若老主顧去酒館喝酒，掌櫃的還會送上免費酒釀或燒酒，叫作「饋節」。

　　立夏這一天，家家的飯桌上都有糯米飯、煮雞蛋、春筍和帶殼的豌豆。民間俗語「吃什麼補什麼」，蛋形如心，吃蛋能使心氣和精神不受虧損。吃了春筍，雙腿也會像春筍那樣健壯有力。而帶殼的豌豆形狀如同微笑著的眼睛，女孩子吃了，必能得一雙美目。

　　高郵人在這天要給新出嫁的女兒送去一對用紅布條紮住嘴巴的鴨子，之所以紮住嘴巴，是因為鴨子很愛吵鬧，而新婚的夫妻，一定要不吵嘴才能和順恩愛。

　　愛俏的女子穿著新制的紗衣，髮間別著皂莢花，裊裊婷婷地走在街上，看三五成群的孩子「鬥蛋」。

　　孩子們胸前掛著媽媽編織好的絲網袋，裡面裝著新鮮的熟雞蛋，蛋分兩端，尖者為頭，圓者為尾。為了公平起見，「鬥蛋」比賽也要分兩面斗：小虎的蛋頭要和小明的蛋頭互頂，小麗的蛋尾要和小花的蛋尾相對。

　　孩子們很講究規則，蛋頭勝者為第一，蛋稱大王。蛋尾勝者為第二，蛋稱小王或二王。蛋破了的便認輸，輸了的那個也不生氣惱怒，趁勢剝掉蛋殼，幾口就把雞蛋吃掉。

稱人

　　吃完中飯後，人們用麻繩把大秤吊在房梁或院子裡的樹杈上，下懸一把竹椅，全村的男女老幼依次登坐於竹椅上，這叫作「稱人」。

　　司秤人一面打秤花，一面講著吉利話：稱老人時要說「秤花八十七，活到九十一」，稱女孩時要說「一百零五斤，員外人家找上門。勿肯勿肯偏勿肯，狀元公子有緣分」，稱小孩時則說「秤花一打二十三，小官人長大會出山。七品縣官勿犯難，三公九卿也好攀」。

　　關於「稱人」風俗有兩個傳說：一說元世祖忽必烈建立元朝以後，為了鞏固蒙古貴族的統綰，就派出許多蒙古人到江南來，每十戶居民要供養一個來監督的蒙古人。

　　蒙古人來時，要稱一稱體重，直到立夏這天要重新稱一次，體重少一兩要用銀子來補湊，所以這十戶人家每天都拿好飯菜

來供他吃，唯恐份量少了要賠銀子，賠不出銀子輕則坐牢，重則丟命。江南多水田，農家多種糯稻，養雞生蛋。在「稱人」之前，人們就會多煮一些糯米飯和雞蛋給蒙古人吃，以增加他們的體重。

另一個傳說是源於三國時期的蜀國。劉備死後，諸葛亮派趙子龍把年幼的阿斗帶去江東給孫夫人撫養，這一天剛好是立夏，孫夫人當著趙子龍的面給阿斗稱重，之後悉心撫養愛護，到來年的立夏日再稱一次，看體重是否增長。

蒙古人的傳說有一定的歷史淵源，但阿斗的傳說明顯不合史料記載，大概是民間故事的穿鑿附會，但無論如何，人們在這天「稱人」的習俗卻一直流傳下來。

立夏養生道

立夏之後，天氣逐漸轉熱。荊楚地方的人們會做一些菊花粉，防止小麥蟲害。明清時期的鄉村，人們在這天多吃素食，舉行祭祖，叫作麥秋報。《醫學源流論》曰：「心為一身之主，臟腑百骸皆聽命於心，故為君主。心藏神，故為神明之用。」

立夏要養心，情宜開懷，安閒自樂，切忌大喜大悲。飲食

宜清淡，應以易消化的蔬果河鮮粗糧為主，使身體各臟腑功能正常，以達到「正氣存內，邪不可干」的狀態。《抱朴子》所講「不熱之道」中，有立夏日「服玄冰之丸， 或服飛霜之散」的說法。

「流水落花春去也，天上人間。」春天的鮮活美麗彷彿天上之景，而夏天，是有滋有味的人間氣象。無論是立夏飯，還是七家茶，都隱隱蘊含著鄰里之間的家常情趣，小孩子們成長的歡樂。

這是一個滿溢著尋常百姓煙火味的日子，立夏日和其他的節日相比，少了一些廟堂的莊嚴肅穆，淡了幾分城市的繁華熱鬧，而多了幾分鄉村式的溫馨意味。

天熱了要乘涼，中國古人除了講究消暑之法，也強調「養心」，這正應了那句「心靜自然涼」。

浴佛節

四月八日西湖觀民放生　宋·蔡襄

盈舟載魚蝦，投瀉清波際。

應無校人欺，獨行流水惠。

非求升斗活，終免螻蟻制。

江湖自相忘，洲島亦還逝。

脫淵思曩戒，嗅餌省非計。

為生豈不幸，萍藻庶可翳。

農曆四月初八是浴佛節，也叫佛誕節。據《佛本行集經·樹下誕生品》記載：二千五百多年前，釋迦牟尼佛誕生在印度北部的臨兒國。傳說當時迦毗羅衛國的國王叫淨飯王。淨飯王仁慈和善，摩耶夫人極為賢良，只是多年都沒有子嗣。

一天，摩耶夫人夢見燃燈佛送一頭六牙白象進入她的身體，之後便有了身孕。當時的印度有一習俗，女子在生產之前要回到娘家去。摩耶夫人也在此時動身回家。當她走到臨兒國婆羅樹下時，心中異常歡愉。這時她突覺腹痛，隨即生下了王子喬答摩·悉達多，這就是佛祖釋迦牟尼。

　　此時園中百花齊放，天空出現九條龍，由龍口吐出香水為小王子沐浴。小王子剛生下來，不用人扶著就能行走，面向四方各行走七步，每走一步，足下便生出一朵蓮花。他一手指天一手指地，說道：「天上天下，唯我獨尊。」

　　自東漢時佛教傳入中國後，每到四月初八佛祖誕生日，各地佛寺的僧侶都要以香湯浴佛。浴佛是信徒們對佛祖誕辰的虔誠紀念，也隱喻著對眾生靈魂的淨化。

浴佛儀式

　　《三國誌》中說到，東漢末年的豪強笮融篤信佛教，曾經斥巨資在下邳修造了極為豪華奢靡的浮屠寺，寺中的佛像塗著黃金，披著錦彩袈裟。每到浴佛會時，笮融便在路旁設數十里長的宴席，準備酒飯任人飲食。當時去參觀、拜佛的百姓有數萬人，景物繁華，規模盛大。

　　這一天寺廟、尼姑庵都要置辦香花燈燭，僧尼將銅佛像放在水中，進行浴佛。浴佛的香湯是青紅白黃黑五色香水：青色水為都梁香，赤色水為鬱金香，白色水為丘隆香，黃色水為附子香，黑色水為安息香。寺內高僧或庵內住持以五色香水灌佛

頂，前來上香和觀看「浴佛儀式」的民眾則爭捨錢財、放生、求子，祈求佛祖保佑。

在浴佛的形式之下，祛病消災、齋戒施捨等活動的盛行揭示了這個節日的意義。不管怎麼說，寺院和信眾確實透過這些活動建立了良好關係，正是結下了「善緣」。

宋朝的《醉翁談錄》中記載，浴佛節當天，僧尼信眾雲集於開封，在相國寺舉行浴佛儀式。眾僧人按順序站好後，抬出四尺有餘的金盤放在佛殿前，用漫天的紫色帳幔蓋住。僧人們陳設經案香盤之後，開始吹鑼擊鼓，點起燈燭，羅列香花。而後，眾僧簇擁著抬著一尊二尺高的包金佛陀神像進入佛殿，把神像放置在金盤之中。

　　佛陀一手指天，一手指地，可以機械運動，周行七步。此時，九條金龍自動從高處噴水，水入盤中，香氣襲人。等到噴水結束，寺內的大德高僧依次用長柄的金勺舀香湯淋浴佛像。觀看的人都驚訝不已，神情莊重虔誠，跪地祈禱恩福。

　　浴佛之後的香湯，百姓信眾都認為是帶來福報、能除病消災的「神水」，因此都爭相前去求水，帶給家中病人飲用。這時，「神水」一般會由寺僧分送給信眾。據說小孩喝了浴佛之後的甘草香藥甜湯能夠消災辟邪，身體健壯。

　　明清時期，北京各大寺廟會在這天舉行功德法會，浴佛儀式與前朝大同小異。小一些的普通寺廟庵觀沒有太多講究，僧人們將佛像直接浸入水盆中，就表示浴佛了。也有一些地方浴佛不在寺廟舉行，而是去到人家或沿街進行。

　　明代的杭州，四月初八僧尼各自建立龍華會：用小盆盛著甘草糖水，將佛像浸泡在盆內，以花亭覆蓋在佛像上，敲鑼打鼓到那些信佛行善的富裕人家舉行浴佛儀式。信徒用小勺子舀香湯淋住銅佛上，僧尼頌唱經偈。

　　作法之後這些人家還會佈施可觀的財物。荊楚地方還有寫咒語驅除蟲害的習俗，人們在屋裡面貼上一個大大的「佛」字

或者朱書咒語，叫作「嫁毛蟲」，咒語云：「佛生四月八，毛蟲今日嫁。嫁到山中去，永世不回家。」

浴佛儀式是莊嚴神聖的佛教儀式。佛陀的降生，代表了一個宗教智慧的興盛，佛祖教人慈悲行善，使人去除不必要的煩惱。佛心不垢不淨，不生不滅，不增不減的，是至上清淨心。而浴佛，實際上所洗濯的是塵世中那些貪念邪念。從浴佛儀式到民間借助佛力驅災，也呈現了中國人對信仰的實用態度。

信仰是求回報的，人們總是為了實現各種各樣的心願而去拜佛求神。比如驅蟲的咒語，內容不倫不類，甚至有些幼稚，這也許並不符合信仰的真諦，但卻表達了中國人的某種真實。如果神佛不能保佑眾生，那麼存在的意義將會大大消減。佛陀的降生，意味深遠。覺者聖人以無上的智慧告訴人們，人生不是偶然，要充滿感恩地度過每一天。

素餐齋會

四月，天氣舒適，繁花纍纍。柳蔭中黃鶯歌聲婉轉，如鼓笙簧。艷陽下桑葚垂熟味甜，粉紫相間，頗為誘人。浴佛節這一天，各佛教寺廟還會召集「齋會」，請眾善男信女前來赴會。

寺院裡搭起了苦棚座，豎起黃色布旗，上書「普結良緣」四字。

有些寺廟還會準備素菜素飯，如麵條、菜蔬等，也有茶水鹽豆供信徒食用。赴會的信徒在吃齋前要先念佛經，聽高僧講經，齋會後還要討一些浴佛的香湯水來飲用，或吃一種佛寺煮制的粥食——「烏米飯」。

《本草綱目》上說，烏米飯乃仙家服食之法。烏米飯，也叫青精飯、楊桐飯。江南人用臨水而生的楊桐葉、細冬青葉子把糯米染成青黑色，也有把南燭木莖葉搗爛、濾汁、泡糯米蒸煮而成。飯蒸熟後，加入芝麻、蜂蜜，再把餅狀的糯米飯切割成方塊即可食用，有補益脾腎、止咳安神、明目烏髮的效用。僧人們在浴佛節做這種飯分發給信眾，民間百姓則自家吃或者饋贈給鄰居朋友。也有人把烏米飯也叫作「阿彌飯」，拿到街市叫賣。

除了烏米飯，明代北方還有吃「不落莢」的習俗。「不落莢」為蒙古語，它是用葦葉包著糯米、黑糖、蜂蜜和紅棗蒸制而成的一種食物，長三四寸，闊一寸，樣子和味道與粽子有些相似。浴佛節這天，民間以「不落莢」供佛，皇帝也會把這種食物賜給百官吃。

浴佛節的素齋不僅和宗教信仰有關，還十分符合夏季飲食清淡的養生之道。人們把信仰和生活中的飲食智慧相結合，做出這種極具特色的素齋，不僅能生清淨心，更有益身體，延年益壽。

捨豆結緣

《紅樓夢》第三十六回，寶玉得知齡官對賈薔的深情，自此深悟「人生情緣，各有分定」。佛家認為，人如果彼此有緣，即使相隔千里也能相會。如果雙方無緣，雖然近在咫尺，也不會相逢相識。故此浴佛節又有「捨緣豆」的習俗。

此俗源於元代，後世沿襲。清代時，宮內每到四月初八都要給大臣、太監以及宮女發放煮熟的五香黃豆，叫作給「結緣豆」。京都中各寺廟的僧人或者信佛積善的人家，也會拿出幾升青黃豆，一邊念著佛號一邊挑豆子：拈一粒豆，唸一聲佛。

有的人拈豆甚至達到一石之多。挑出來的豆子煮熟，稍微撒點鹽，拿去街市或在寺廟門口送給眾人吃，叫作「捨緣豆」，是預先為來世結下善緣的意思。得到豆子的人也要唸一聲佛，方能吃一粒豆。去廟會的路上，常能見到一些年齡大一些的女

人挎著香袋，拿著香燭，挨家去要「結緣豆」——不拘多少，只為結緣。

人們在焚香拜佛後，還要將帶來的豆子倒在寺廟的筐籮裡，寓意與佛祖結緣。一些富貴人家還常把煮好的黃豆盛在盆子內放在家門外，任路人取食，以示自己是積善修緣之家。

如果一家中，媳婦跟丈夫、婆婆相處不融洽，奴婢、小妾跟主人和正妻關係處理不好的，都會自怨說：「我前世不捨豆，沒能結得好人緣。」可見結緣豆在當時人看來不僅管今生，也管來世。在江南，這天人們會走街串巷，送糖豆給小孩子吃，據說吃了就能預防天花水痘這樣的惡疾。

「捨緣豆」以捨物的形式祈求結來世之善緣。人們常說「捨得捨得」，但無「捨」怎能有「得」？佛家認為，人的一生處在一個「緣」的網絡之中，有善緣，亦有惡緣。就算不以信仰論，即便是平常的為人處世中，惡緣結多了，這個人亦總是會遇見不好的事。而善緣總會帶給人們一些美好的經歷和有益的機會，這無關神明，卻是天道使然。

放生求福

南宋時，蘇杭一帶的信佛居士會持齋禮懺，邀請同人舉行放生會。屆時人們泛舟西湖，爭相買龜、魚、螺、蚌等水族生物，口中念著往生咒，將這些生靈放歸水中。清代北京人也流行放生，一些佛廟僧侶和平民百姓在這天把自己養的馬牛豬羊雞鴨鵝或買來的小龜、小鳥、小魚帶到河邊或山野放生。

蒲松齡的《聊齋誌異》中寫到一個養蛇的人，有一大一小兩條青蛇，後來蛇日漸長大，養蛇人就在山中把牠們放生，叮囑牠們不可傷人。兩隻蛇都戀念舊主，因此不曾傷害過往行人。

在北京潭柘寺，每年四月初八會有兩條「小神蛇」出現，吸引遊人爭相去那裡施錢、用手摸蛇，以祈求免除災厄。佛家認為萬物有靈，傷害生靈同樣是要受到懲罰的。

放生，正是另一種廣結善緣、累積德行的方式。重要的並非放生的形式，而是心存仁念，對每一個生靈、每一株花草都有一份慈悲情懷。

浴佛廟會

浴佛節這天，一些大的寺廟都要開廟。在明清時期的北方，以北京的妙峰山廟會最為馳名。清晨，人們剛起床就能聽見花

販們沿街喚賣玫瑰、芍藥的聲音，聲韻悠揚。

四月是玫瑰和芍藥開得正盛的時候，玫瑰色澤紫潤，甜香可人，為閨閣女兒所鍾愛。芍藥是豐台盛產，有宮錦紅、醉仙顏、白玉帶、醉楊妃等類，絢爛瑰麗，清雅怡人，適合用來觀賞、裝飾。四月裡，花販們折枝售賣，挑著擔子走遍城坊。但四月初八這一天，花販們人多不會去走街串巷，而是去了京郊的妙峰山廟會。

妙峰山碧霞元君廟位於京城西北一百餘里處。去往廟會的路上，車馬喧闐，男女老幼笑語不斷。遊人或來車或騎馬或步行，四方來客摩肩接踵，進香拜佛者數以萬計。一遇到山坳水曲，必有茶棚。

茶棚內供奉神像，懸掛旗旛，白天送茶，夜晚施粥。香客到來時，幾個人同聲高唱「虔誠太們，落座喝粥」。小商販們也不會放過這個售賣的好時機，推車裡裝著各種糕點小吃，如玫瑰餅、籐蘿糕，飽絲煎餅，榆錢蒸糕，涼炒麵。各種時令蔬果，如王瓜青蒿、蠶豆萵苣、櫻桃蘆筍。古詩云：「蘆筍生時柳絮飛」，鮮脆的蘆筍與多汁的櫻桃同吃，那真是甘美至極，令人口齒噙香。

這一天，城鄉的一些民間花會要登山酬神，稱為「朝頂進香」。舊時北京的「花會」有中幡會、雲車會、太少獅會、五虎棍會、扛箱會、開路會、少林會、太平鼓、老秧歌、走蹺、龍燈、獅子會、旱船、竹馬等，各有嚴密的組織。

正值氣候溫熱、物產豐富的時節，又有大量遊客雲集，浴佛廟會成了小商販們活躍的地方。不管賣小吃、賣冷飲還是賣時鮮蔬果，乃至開妓棚的，生意都很不錯。

出會時，山上山下鑼鼓響成一片，震得四野一片隆隆之聲，觀看者人山人海。秧歌會數人扮成頭陀、漁夫、樵夫、漁婆、公子等樣貌，配以腰鼓、手鑼，腳上綁著豎起的木棒，叫作高蹺秧歌。

太少獅會是一個人在前面舞獅子頭，一個人在後面舞動獅尾，上面遮著寬闊的布面，彩色絨線如獅子背上的皮毛。兩個人穿著彩色褲子當作獅腿，前面的人直立，後面的就佝僂腰，

舞動得如活的獅子一般，有滾球、戲水等名目。

五虎棍會，一些人扮成宋太祖、鄭恩的樣子，舞棍如飛，分合中式。扛箱會，一個丑角模樣的人橫踏在槓上，由兩個人用肩抬起，有愛逗樂了的閒人攔著不讓走，丑角就說一些幽默戲謔的話語，引得大家發笑。

參加廟會的香客，上自皇室王公、權貴豪富，下至庶民百姓、士農工商。除來自京城之外，還有周圍各地的村民，甚至也有海外香客。在妙峰山開廟的半個月間，各方游僧臨壇說法，晝夜都有人上山聽經進香，香火沒有斷滅過。廟會一直熱鬧到夜間仍意猶未盡，彼時燈火之繁，燦如星宿。

中國的廟會是多元的，既有佛寺廟會，也有道教廟會，還有佛、道、儒結合的廟會，這表明了中國人信仰中的世俗化。廟會本是宗教信仰的產物，但它的最終功能卻如萬花筒一般異彩紛呈，不一而足。

子孫綿延

四月初八是釋迦牟尼佛誕生的吉日，既是偶數日，又是佛誕日。民間不乏眾多版本的貴人降生時產生吉兆的傳奇故事。

對於古時的人們來說，生育是一件極為重要的事情。而賢聖神佛誕生的日子，一定會是人們心目中辦喜事或者求子嗣的吉祥之日。

在南方有的地方，百姓家如果有著急辦喜事卻又沒能確定吉日的，就在這天舉行婚禮。北方也有娘娘神四月初八降生的民間傳說，在明代的北京，西直門外高粱橋的天仙廟（俗稱娘娘廟）是女人們前來拜祭求子的地方。

據說在娘娘廟最繁盛的時候，全城的女子無論老少，都會來此遊玩。人們攜帶酒果，彈奏音樂，三五成群地坐在河的兩岸，一直玩樂到晚上才回家。

在江南地區，也有女子在這一天相約去尼姑庵拜禮、求子的習俗。而這種男女同游的香會和廟會，往往給禁錮在禮法中的古代男女以交往的機會，尤其對於女性，有利於釋放壓抑的情感，也有利於在信仰和人際往來中找到寄託。

四月的城市，人們沉浸在春夏之交的宜人氣候裡，感受著各種繁華與喧鬧。而四月的鄉村，當布穀鳥從田野上飛過，農民聽到這種「布穀布穀」的鳥叫聲，就要準備插秧了。在鄉村，熱愛著土地的人們無時無刻不將生存和信仰結合在一起。

　　四月初八的浴佛節，對耕種者來說，有著更為實際的意義。浴佛的意義在於清除塵世的污穢，而農人們更希望有一場雨。

　　這天，各地方府縣拜迎聖水祈年，寺廟裡做法會，南方的鄉村保持著古代龍祭中「洗龍頭」的遺風——都是為了祈雨。很明顯，浴佛的模式被神奇地改變了：在農民心中，龍是掌管雨水的神靈，洗龍頭能更直接地表達人們心中的願望——下雨。雨代表著豐收、富庶，也代表著人們在新一年的好日子。當我們的心靈被塵世的灰塵所蒙蔽，這樣的節日無疑是一種提醒。

　　人們把金錢佈施給寺廟，互相贈送結緣豆，食素放生，畢恭畢敬。但更重要的東西往往被忽略：如果真的有神佛存在，那麼讓祂們更為欣慰的，則是眾生的內心能夠回歸淳樸善良，如同那些望著豐收的莊稼由衷喜悅的農人一樣。

端午節

五日望採拾詩　　南朝・王筠

裁縫逗早夏，點畫守初晨。

綃紈既妍媚，脂粉亦香新。

長絲表良節，命縷應嘉辰。

結蘆同楚客，采艾異詩人。

折花競鮮彩，拭露染芳津。

英國現代派詩人艾略特在《荒原》中寫道：「四月是最殘忍的季節。」春末夏初的時候，植物拚命地搶奪養分、掙扎向上，彷彿能聽到它們生長時枝葉如同骨骼斷裂一般的聲音。與此同時，氣溫攀升，百蟲蠢動，疾疫流行，這些古人難以抵擋的病災侵襲而來，悲慘與恐懼的記憶形成了民俗中的各種禁忌與傳說。

端午節又被稱為端五節、端陽節或蒲節，是中國民間四大節日之一。它最早的起源與天文曆法有關，也與民間辟邪禳災有關。在古代曆法中，農曆五月又被稱為「午」月，而到了五月初五這一天，北斗七星的勺柄恰值「午」點。

　　「端」字有「初始」的意思，而端午，也就是指五月初五了。對中國古人而言，數字是神秘的，而重疊的數字更為神秘，如三月三、五月五、七月七、九月九。所謂奇奇為正，因而五月初五便具有了「天地中正」、「扶正驅邪」的文化深意。

　　古人認為，五月是陰與陽、生與死激烈鬥爭的一個月，君子須修身養性，以靜待鬥爭的結束。在這樣的心理背景下，便產生了一系列關於端午、關於生死的傳奇故事。

水畔傳奇

　　關於端午節的由來，人們自古就眾說紛紜。有人說它起源於古越人舉行的龍圖騰祭祀節日，也有人說它開始於夏至節。有人說吳王夫差在此日慶祝疏通運河，也有人說越王勾踐在此日為復國操演水師。有人說端午來自惡月惡日的辟邪習俗。但流傳最為廣泛的，還是三個與水有關的死亡傳奇。

作《懷沙》以絕筆之屈原

　　屈原是戰國時期楚國人，他知識廣博，文辭華美，留下千古名作《離騷》。他性格耿直，擅長修訂法規和外交辭令，曾經受到楚懷王的賞識與信任，官居左徒，朝廷一切政策、文告

皆出於他的筆下。在屈原的努力下，楚懷王舉賢任能，改革政治，聯齊抗秦，提倡「美政」，楚國國力有所增強。

　　據《史記・屈原賈生列傳》記載，上官大夫靳尚出於妒忌，趁屈原為楚懷王擬定憲令之時，在楚懷王面前誣陷屈原，使得屈原被免去左徒之職。後來屈原轉任三閭大夫，負責宗廟祭祀和貴族子弟的教育。

在不少人印象裡，屈原寬袍廣袖、滿面憂憤，在水邊迎風而立，是一種清高而悲愁的形象。為紀念詩人而訂立節日是罕見的事，可見屈原的精神在中國文化中得到了廣泛認同。

　　楚懷王的幼子子蘭、寵妃鄭袖、上官大夫靳尚等奸佞小人，受了秦國使者張儀的重金賄賂，進獻讒言，使楚懷王疏遠了屈原，令「齊楚聯盟」未能成功。公元前三零四年，楚懷王與秦國訂立黃棘之盟，屈原力勸無果並被逐出郢都，開始了他的流放生涯，幾年後才再次回到郢都。

　　公元前二九九年，秦昭襄王約楚懷王在武關相會，屈原極力勸阻，說：「秦國是虎狼一樣的國家，不可以相信，不如不去。」然而子蘭等人卻力主楚懷王入秦，說：「為什麼要斷絕和秦國的友好關係？」楚懷王不聽屈原等忠臣的勸告，會盟之日被秦國扣留，三年後客死異國。

　　楚懷王長子頃襄王即位後，讓弟弟子蘭出任令尹，後來為求暫時苟安而與秦聯姻。屈原反對他們的可恥立場，並斥責子蘭對楚懷王之死負有責任，子蘭便指使上官大夫在頃襄王面前造謠詆毀屈原，使得屈原再次被流放。

　　公元前二七八年，秦國大將白起帶兵南下，攻破了楚國郢都，屈原在憂愁、絕望和悲憤之下，寫下絕筆《懷沙》，而後懷抱大石投汨羅江而死。屈原死於五月，為了紀念這位才華橫溢的詩人、剛正不阿的忠臣，楚國百姓在每年的五月初五都會

到汨羅江邊去憑弔屈原。

白髮怒顏之伍子胥

在江浙一帶，人們認為，端午節是為了紀念春秋時期的吳國名臣伍子胥。伍子胥原本是楚國人，父兄均被昏庸的楚平王所殺。伍子胥僥倖逃走，因悲憤而一夜白頭。他轉而投奔吳國，成為吳王闔閭的重臣。

後來伍子胥招孫武下山，助吳伐楚，五戰而攻入楚都郢城。當時楚平王已死，伍子胥便掘墓鞭屍三百，以報殺父兄之仇。吳王闔閭死後，其子夫差繼位，吳軍士氣高昂，百戰百勝，大敗越國，成為春秋一霸。

後來越王勾踐臥薪嘗膽，假意屈從於吳國，夫差於是自大自傲，同意越國請和。越國以大量財物和美女賄賂吳國寵臣太宰嚭，太宰嚭就在夫差面前進讒言，說伍子胥把兒子送到齊國就是背叛吳國。夫差信以為真，就用屬鏤劍賜死伍子胥。

伍子胥臨死前憤恨地說「在我的墳上種梓木，好給某些人做棺材，把我的眼睛懸掛在吳都東門之上，好讓我看到越國軍隊入城滅吳」，之後便自刎而死。

夫差聞言大怒，令人將伍子胥的屍身裝在皮革裡投入大

江，這一天正是五月初五。伍子胥死後僅十年，越國果然滅吳，終應其言。人們傳說伍子胥成了波神，故此供奉。

投江救父之曹娥

還有一個傳說認為，端午節是為了紀念東漢時期的孝女曹娥。曹娥是上虞人，她的父親是當地的巫祝。一年春夏之間，兩岸連續下大雨，舜江洪水暴漲。曹父在風浪中迎波神時不幸溺死，數日不見屍體。年僅十四歲的曹娥晝夜沿江哭泣，七天七夜後，於五月初五投江，五天後背負著父親的屍身浮出江面，震驚鄉里，就此傳為神話。

縣令度尚推崇孝節，於是為曹娥立碑，作誄辭頌揚其事跡。後來，人們還在曹娥投江處興建曹娥孝女廟，將她所居住的村鎮改名為曹娥鎮，並把她殉父的地方命名為曹娥江。直到現在，曹娥江的水不管怎樣湍急洶湧、奔騰咆哮，一到曹娥孝女廟前面，都會立即變得無聲無息，彷彿愧對孝女，悄悄遁去。過了曹娥孝女廟門口，才再度發出響聲，令人驚奇。

相傳當年曹操與楊修騎馬同行，路過曹娥碑時，見碑陰鐫刻了著名文學家蔡邕所寫的「黃絹幼婦，外孫齏臼」八個字，便問楊修這八字的含義。楊修正要回答，曹操說：「你先別講

出來，讓我想一想。」又走了三十里路，曹操才猜出其意，令
楊修解釋。

　　楊修說：「黃絹，色絲也，於字為絕。幼婦，少女也，於
字為妙。外孫，女子也，於字為好。齏臼，受辛也，於字為辭。
而『受』和『辛』組合在一起就是漢字『辤』，即『辭』的異
體字。這八個字意為『絕妙好辭』，是對曹娥碑碑文的讚美。」
曹操歎道：「德祖（即楊修）的才思，比我要敏捷三十里啊。」

　　伍子胥、曹娥、屈原，這三個人可以說構成了端午神話史
的「三折屏」，而這些人物與其說是民間百姓因崇敬傚法而塑
造的，不如說是歷代統治者為意識形態功利而樹立的。與其說
這些人物是愛國的、道德精神的楷模，不如說他們是生命價值
的象徵。不管具體原因是什麼，他們都是投江者，亦都是自殺
者，都是勇敢面對死亡的人。

　　這是他們共有的文化原型。在象徵意義上，端午節可以說
是捨生取義者的節日，表層是對於人間公正與政治公平的訴求，
深層可以視為死亡的慶典，集中反映了中國人對死的態度，正
如老子所云：「民不畏死，奈何以死懼之？」

　　中國人的自殺，與西方自殺的價值取向正好相反。對中

國人來說，自殺是政治的，是以抗爭、報復、警示、正義為基本訴求的。因此，在民俗與人物傳說交會的內涵上，端午節在所有的節日中似獨具一種剛烈的美，是以「了悟生死」、「決絕生死」來肯定生命和塵世的幸福，讓人想到「人間草木太匆匆」、「必將死義救末俗」的傳統士人生命格調。

五月禁忌

古時候，五月又俗稱「惡月」。據東漢《風俗通義》記載，五月初五這天做很多事都不吉。五月生的孩子，男孩妨害父親，女孩則妨害母親。做官的人趕到五月上任的話，那就別想能升遷了。五月蓋房子，這家的人就會得禿頭。荊楚地方的人忌諱五月曬床席，也忌諱用草蓋屋。

傳說有個新野人叫庚實，他曾經在五月曬蓆子，忽然看見一個小孩死在蓆子上，一會兒又不見了，這以後庚實的小孩就死了。端午節這天不能汲水，要在前幾天就把水缸汲滿，叫作「避井毒」。北京人五月不搬家，不糊窗，不剃頭。

重五之日是惡日，是死亡之日，據說古代極少有農曆五月初五生日的人。這天出生的嬰兒被視為災禍，剋父母剋家人，

因此會被裝入壇中放到水中，任其自生自滅。或有幸運者被救，長大成人，生日也早已改變。

南朝劉敬叔在《異宛》中記有這樣一段故事：齊國田嬰的小妾在農曆五月初五生下了兒子田文，田嬰認為不祥，命令家人不准養活他。田文的母親不忍心，偷偷地養育他。田文少年時，母親告訴了他實情。

田文於是問父親田嬰道：「您不讓養育五月生的孩子，是什麼緣故？」田嬰答道：「五月生的孩子，長大了身長跟門戶一樣高，不利於父母。」田文說：「人的命運是由上天決定的呢？還是由門戶決定的呢？」

田嬰不知怎麼回答好，便沉默不語。田文接著說：「如果是由上天決定，您何必憂慮呢？如果是由門戶決定的，那麼只要加高門戶就可以了，誰還能長到那麼高呢！」後來，田文的表現優於其他兄弟，得到父親的認可，成為名垂青史的孟嘗君。

孟嘗君田文的幼年故事是個特例。事實上，古代「不舉五月子」的例子並不少見，很多生於五月的小孩因此而不得存活，人們對五月的畏懼和忌諱是深入內心的。事實上，人們在謹守禁忌的同時，也採取了眾多避邪驅疫的方法和習俗。這些習俗

經年日久，禁忌遺風雖然猶存，但更多則化成了獨具魅力的節日風情。

端午風情

明清時期，宮廷裡流行過端午，皇帝會賜賞葛紗及畫扇給諸位王公大臣，賜朝官吃糕粽於午門外。酒宴過後，文臣們會陪同皇帝駕幸後苑，觀看武將射柳。之後，皇帝要陪同皇太后觀看宮廷內河的划龍舟比賽，煙火鞭炮不絕。

內城裡的後宮內眷們穿上五毒艾虎補子蟒衣，佩戴各色端午飾物。如《紅樓夢》中薛寶釵腕上的紅麝香珠，正是元妃端午所贈禮物。所謂紅麝香珠，是用麝香加上其他配料做成的紅色念珠兒穿成串子，戴在手腕上做裝飾，可以避蚊蟲，清人心氣。皇宮的宮門兩側擺著菖蒲、艾盆，門上懸掛著吊屏，上面畫著天師或者仙女手執寶劍降服五毒的故事。

端午這天清晨，雞還沒叫，人們就去野外採摘艾草和菖蒲了。家家灑掃庭院，用採摘來的菖蒲、艾草束紮成人形或虎形，稱為蒲劍、艾虎，懸掛在廳堂、門楣和床頭辟邪驅蟲。蒲劍蓬鞭是民間傳說中驅鬼的利器，截蒲為劍，割蓬作鞭，將桃梗、

蒜頭懸掛在床戶上,用來卻鬼。

　　民間以蒲劍、艾虎、榴花、蒜頭、龍船花合稱「天中五瑞」。艾草和菖蒲還有奇特的芳香,其味可以驅蚊蠅蟲蟻,入藥能理氣祛寒。明清的北京人這天也在門口和窗戶貼上彩紙剪成的各色小葫蘆,卻特意是倒過來貼著的,和「福倒了」不同,這個彩葫蘆是要把毒氣厄運倒出去的意思,人們把小葫蘆扔到街巷中去,也稱為扔災。

　　蘇州人寫「宜方」二字倒著貼在家中,焚燒避瘟丹,再加上蒼朮、白芷、大黃、芸香之類,都是為了辟毒和驅趕蛇蟲。

　　「五月五日,蓄蘭而沐」。端午這天,人們用艾柳桃蒲或者草藥煎湯洗浴,能柔嫩肌膚,百病不生。富貴人家的女子用蘭湯沐浴,普通百姓家沒有這個排場,便在當日午時用五色草煎湯沐浴。閨閣女兒們沐浴之後,將五月裡開得鮮艷的鳳仙花搗碎取汁,用來染指甲是最好看不過的,這種天然的染料不僅色澤鮮紅,而且保持長久。

鍾馗驅鬼

　　太陽還未升起,艾草菖蒲的香味便使整個屋子都清香起

來。大戶人家把從道院或者街市上買來的天師符貼在廳中，肅拜燒香，用以鎮惡。信佛的人家用的是佛家的靈符，紅黃白紙上畫著「鎮凶」的韋馱。

傳說中，鍾馗雖然相貌醜惡，卻是捉鬼的能手。
既然端午要驅邪驅鬼，怎麼能不掛鍾馗像呢？

平民小戶沒有那麼多講究，往往隨便在牆壁上貼一些畫著姜太公、財神、聚寶盆、搖錢樹之類的五色桃印彩符。清代時，南方流行五月掛鍾馗進士圖，要掛一個月，以驅邪魅。據史料記載，唐玄宗病中夢見一個小鬼盜走自己的玉笛和楊貴妃的繡香囊。

玄宗大怒，正要派武士驅鬼，忽見一大鬼奔進殿來。大鬼

蓬髮虯髯，面目可怖，頭繫帶，身穿藍袍，皮革裹足，袒露一臂，一伸手便抓住那個小鬼，剜出眼珠後一口生吞了小鬼。玄宗極為害怕，便問大鬼是誰。

那大鬼奏道：「臣是終南進士鍾馗，武德年間應舉中了進士，卻因長得醜陋被黜，羞愧撞死在階下。蒙聖上憐憫，賜我進士綠袍下葬，臣感謝聖恩，發誓為大唐盡除鬼怪妖孽。」

玄宗夢醒後，纏身多日的病痛一時全消，於是召來畫家吳道子，命他畫出鍾馗像。玄宗將鍾馗像懸掛於宮內，從此再無噩夢攪擾。民間也由此倣傚，掛鍾馗像以斬五毒，祛百病，驅鬼怪，鎮宅佑安。

端午飾物

除了掛鍾馗像以威懾邪魅之外，人們還要穿戴裝飾各種避瘟去毒的物品。明代北京，端午這天還被稱為女兒節，嫁出去的女兒在端午之前要回娘家「躲端午」。家裡有女孩的人家，母親會特別精心打扮她們，給她們戴上石榴花，讓正值青春年少的女兒們顯得嬌俏可人。男子則戴著艾草葉，女人頭上簪著五毒靈符。

　　最常見的端午飾物，是小孩子手腕上繫著的五色端午索。這種五色端午索由來已久，在漢代被稱為五彩絲，青紅白黑象徵四方，中間是黃色，結在一起綴於胸前，也顯示了當時的紡織之能和印染之術。

　　五彩絲叫法不一，一名長命縷，一名續命縷，一名避兵繒，一名五色絲，一名朱索。人們認為，端午這天把五彩絲繫在手腕上，可以避兵役及驅鬼，不生瘟病。

　　巧手的媽媽們還用綾羅絹帛做成小老虎、粽子、葫蘆、櫻桃、桑葚等形狀，用彩線穿掛在女孩子們的釵頭，或者繫在小孩子的辮子上。

　　還有在五色絹布上繡天師騎虎圖，繫在小孩子的後背上的，叫作老虎被。街市上也有賣各色香囊，內裝硃砂、雄黃、香藥，外包以絲布，清香四溢，再以五色絲線弦扣成索，做各種不同形狀，結成一串，玲瓏可愛。

　　在南方，男人喜歡佩戴雄黃荷包，朋友間互贈扇子。唐太宗曾於端午賞賜兩把「飛白扇」給長孫無忌和楊師道，寓意是激勵臣子扇動清風，以增加美德。女人用錢編成老虎的頭形，繫在小孩子的胸前，稱為老虎頭。又做老虎形的肚兜，以示威

猛。

年輕男女還會佩戴用五彩絲結索而成的長壽線，男左女右。浙江一帶還有一種稱為「健人」的飾品，用金銀絲和彩綢做成小人騎著虎的形狀，十分精巧。女人們用「健人」做頭飾，孩子們也可以拿著玩。虎有辟邪之用，「健人」則寓意身體康健，如龍虎一般生猛而充滿活力。

賞午

京師五月，端午午時。石榴樹鮮明火紅，夾竹桃柔粉玉立，江西臘五色芬芳，虞美人幾枝嬌艷。門庭正中的大魚缸裡，紅色金魚游弋其中。

家家門戶上的菖蒲艾葉碧綠悅目，街前賣神符的人招呼吆喝著，家中主婦們準備了各色吃食：硃砂、菖蒲或者雄黃酒。粽子、櫻桃、桑葚、荸薺、桃、杏等時鮮果品以及各色菜餚糕餅等，先要供奉祖先，再來是自家吃，也要饋贈親友。

這個時節，各色新鮮時蔬已經入市，早午餐飯可吃肉末酸豆角或豆角燜面，豇豆角、豌豆角、蠶豆角、扁豆角等盡為菜品。晚上吃麥仁肉粥更易消化，醃稍瓜、綠絲瓜、白茭瓜等做

成羹湯滋味更鮮。

　　小孩子的額頭上用雄黃畫上一個「王」字，虎頭虎腦的樣子倒真似小老虎一般。姑娘們的鬢邊斜插著五色綾幅，更顯嬌俏。商販們此時沿街叫賣的，有五月的嫩玉米，叫作五月先兒，特別嫩的那種叫作珍珠筍。也有五毒餅，聽著名字倒是怪嚇人，可其實卻完全不是那麼一回事：香甜的玫瑰花瓣搗成玫瑰醬，加上蜂蜜和上好的白糖熬製，再加上松仁核桃等堅果調成餡料，做成雪白的翻毛酥皮餅，上面再蓋上鮮紅的「五毒」形象的印子，便是五毒餅了。

　　在北方的鄉村，人們端午節更注重的是宗族關係。姻親之間互相贈送禮物，未婚而訂婚的男孩家裡要準備豐盛的禮物去女孩家拜訪，而嫁出女兒的丈母娘們也要準備些粽子和糕餅給疼愛的女兒女婿們吃。

　　在南方，這個時節的暖風帶著花香，荷花在水畔亭亭玉立。人們在牆壁之間灑下藥酒以驅毒蟲，喝菖蒲酒，用雄黃塗抹耳朵鼻子，名為「避蟲毒」。

　　各家在梁間貼硃砂辟邪符，膽瓶中供著石榴、蒲草、蓬草等，門楣櫃頭上擺著天師泥像，牆上貼著五毒圖或者天師騎虎

圖，再用硃筆寫上「五月五日天中節，赤口白舌盡消滅」。

大戶人家都舉行家庭宴會，一家子聚在一起「賞午」。男兒們耳別艾葉，玉樹臨風。女兒們頭簪榴花，風情萬種。在古代，不僅百姓家的女子要做針線，朱門繡戶裡的小姐也鍾愛女紅，在端午這天精心繡繪各類荷包、香囊、蟾蜍袋、蒜葫蘆、金蜘蛛、絹老虎、釵梁綴、健人符，進奉給長輩，以示孝心。饋贈給兄弟姐妹，更添友愛。

庭院裡，小八哥的羽毛剛剛豐滿，孩子們圍成一圈，嬉鬧著逗弄鳥兒說話。有些富貴人家會找僧人、道士來家裡唸咒做法，消除災厄。寺院僧道贈送給施主經筒輪子和辟惡靈符，醫館給街坊四鄰贈送香囊、雄黃等。市面上篩鑼擊鼓，跳黑面鍾馗、紅髯天師。人們於湖岸邊觀龍舟競渡。

雄黃酒是端午節必定要喝的藥酒，人們不僅口服，還用喝剩的雄黃酒塗抹在小孩子的額頭和手掌足心。清晨拿雄黃浸泡在水中，等到中午的時候全家人用浸泡過的水洗眼睛，叫作「破火眼」，據說這樣就可以免生眼病。《本草綱目》說雄黃味辛溫有毒，具有解蟲蛇毒、燥濕、殺蟲祛痰的功效。

《白蛇傳》裡有個關於雄黃酒的著名橋段：江南水鄉，端

午佳節，許仙半信半疑地依照愛管閒事的和尚法海的建議，與白素貞對飲一杯雄黃酒，原本柔情愜意的事情，卻成了悲劇的開始。若是人間夫妻，共賞端午美景，那該是何等美妙。但對於白娘子來說，這雄黃卻要比砒霜還毒，她的秘密在這犀利的雄黃酒下再也掩飾不住，她無法把那個不食人間煙火的絕色女子扮演到底。

頃刻間，巨大的白蛇現出原形，嚇死了迂腐書生許仙，使白素貞冒死盜取靈芝仙草方才救得許仙的性命。再之後的愛情，縱然還是有情有義，但人們不免為許仙的半途懷疑而感到遺憾。以後的每個端午節，若有人端一杯雄黃酒邀你舉杯同賀，你是否會想到這段白蛇傳奇呢？

粽葉飄香

端午節最令人期待的食物當然是粽子。

相傳屈原投江後，百姓為了不讓江裡的魚吃掉他的屍體，也為了祭祀他，紛紛從家裡拿來米團投入江中。後來屈原給人托夢，說人們扔進江中的米團被蛟龍爭著吃了，如果用楝樹葉塞筒，纏上彩絲葉子，蛟龍便不敢爭食了。從此以後，便有了

粽子。

　　這故事說來好笑，一向心高氣傲、餐蘭花食朝露的屈原大夫，竟然因為祭品被蛟龍搶食便耿耿於懷，不惜托夢囑託，看來粽子實在是太好吃了。

　　從五月初一開始，主婦們就開始準備包粽子的食材了。青色的粽子葉用清水浸泡、洗涮乾淨，在五月的陽光下一片片晾乾。糯米在清水中浸泡飽滿，然後瀝乾水分。

　　北方包粽的餡料主要是紅棗糯米，南方則品種繁多，如鮮肉、臘肉、火腿、蛋黃、大棗、豆沙、松子仁、棗子、胡桃等。端午當天，大家子的女人們湊在一起，有說有笑地包粽子。

　　先把包粽子的葦葉捲成角形，用勺子把濕漉漉的糯米灌入，壓緊，再翻過個來包上，用五彩絲或者馬蓮草綁上，最後放進滾水裡煮熟。吃的時候撒上白糖或澆上糖稀，甜糯可口。

　　粽子鍋裡同煮的，往往還有雞蛋。從粽子鍋裡煮出來的雞蛋特別可口，蛋清透著一股子粽香，滑嫩彈牙。

　　中午開飯時，與粽子同桌獻味的還有用銀魚、蝦米、韭菜、茭菜、黑干雜炒的「炒五毒」，用蠶豆和雄黃炒成的「雄黃豆」。

　　賣粽子的商販推著木頭獨輪車，高邊木盆裡裝著粽子，清

香四溢：有紅棗的、豆沙的、南味鹹肉餡的，也有淨米的。青花瓷罐裡裝著白糖和糖稀，典雅古樸。除了粽子，還有糯米藕。糯米藕做法簡單，就是把藕洗淨切段，在藕孔裡填滿糯米，蒸熟之後撒上白糖，米香藕糯，色味俱佳。

伴著叫賣粽子的吆喝聲，賣時鮮果品的小販也顫巍巍地擔著挑子走街串巷，那又另有一番風情。瓜農攤子上，西瓜、甜瓜、雲南瓜、白黃瓜應有盡有。長大黃皮者為金皮香瓜，皮白瓤青為高麗香瓜，白皮綠點的叫「脂麻粒」，色青小尖者為「琵琶軸」，味極甘美。

還有賣櫻桃桑葚的，挑子是荊編的竹筐，墊著翠生生的藍布。碧綠的青麻葉子上，櫻桃晶瑩紅潤，桑葚紫白相襯，秀色可餐，耀得人的眼睛都捨不得離開了，縱使不買，也要站著多看一會。

事實上，粽子也是夏至日的食品，它的出現早於屈原的傳說。春秋時期，人們用茭白葉包黍米做成牛角的形狀，並用剛長出來的竹子做成筒粽密封烤熟。

晉朝時出現了用菰葉包裹黃黏米、栗子和棗的粽子，用草木灰水煮熟食用，同時還出現了加中藥的「益智粽」。南北朝

時出現了糯米中夾著獸肉、板栗、紅棗、赤豆的雜粽。

　　唐代長安宮御膳房每到端午節就做粉團和角黍應景兒，詩人白居易還作詩懷念夏至日在蘇州所吃的竹筒粽子和嫩燒鵝。宋朝出現了角粽、錐粽、茭粽、筒粽、秤粽、九子粽，並開始用各色果品和蜜餞入粽。

古時候粽子也叫「角黍」。主婦們提前把粽葉和糯米洗淨泡好，端午之日就可以一起包粽子了。

　　元明時期，粽子的包裹皮已從菰葉變革為箬葉，明清時又出現了用蘆葦葉包的粽子。《紅樓夢》中林黛玉曾打趣怡紅院的諸丫鬟道：「大節下怎麼好好的哭起來？難道是為爭粽子吃爭惱了不成？」

　　但要說最為講究的粽子，當數嘉湖細點。周作人《再談南

北的點心》一文中說：「點心招牌上有常用的兩句話，我想借來用在這裡，似乎也還適當，北方可以稱為『官禮茶食』，南方則是『嘉湖細點』……」而粽子就是這「嘉湖細點」中不可缺少的一味。

金庸的《神雕俠侶》中寫到楊過受傷後遇到幼時夥伴程英，隨意說想吃粽子，程英便包了豆沙白糖和火腿鮮肉的粽子給他吃，並以為楊過猜出了自己的身份。因為巧的是，程英便是湖州人士，那裡的粽子天下聞名。

湖州粽子按照傳統工藝配方精製而成，選料十分講究，肉粽採用上等白糯、豬後腿瘦肉、徽州伏箬。甜粽則用上等「大紅袍」赤豆，通過配料、調味、包紮、蒸煮等多道工序精製而成。端午佳節，斟上美酒，與親友家人吃上一品香粽，感受那份糯而不爛、肥而不膩、肉嫩味香的細膩口感，這滋味，恐怕堪比神仙了吧？

龍舟逐水

端午節的龍舟競渡，盛行於吳、越、楚之地。聞一多先生在《端午考》中提出：「書傳中關於端午的記載，最早沒有超

過東漢，而事實上吳、越一帶的開闢也是從這時開始的。」中國人自稱是「龍的傳人」，而龍舟的出現正是龍圖騰崇拜的一個縮影。

只是後來人們口耳相傳，將龍舟競渡和屈原投汨羅江自殺結合在一起，說人們見屈原大夫投江殉國，趕忙划船前去搭救，卻在追至洞庭湖時不見蹤跡，於是在每年的五月初五賽龍舟以紀念。

龍舟競渡多在江南舉行。唐朝時候，競渡比賽場面就已經十分宏大。到了明清時，龍舟賽則更為盛行。端午這天天氣清明，江岸兩畔楊花開得繁盛，飛撲人面。花蔭處黃鶯啼鳴，歌聲繚繞。

熙熙攘攘的人群擠滿了江岸兩側，人們四處遊玩取樂，觀龍舟賽，買各色端午節的時新玩意兒和小吃。畫舫的觀者、遊客競相拋擲銀錢、土罐、乳鴨等入河，划龍舟的人便上前爭搶，搶得多的會受到獎賞，眾人以此為樂。

龍舟以地域為區別，不同地區的龍舟顏色不同。若是比較講究的龍舟，會選用杉木做龍骨，船長四五丈，頭尾都很高，彩畫如龍形。龍頭一般是木雕，再加以彩繪。龍尾多用整木雕，

刻上鱗甲。龍船有旗桿，中艙是鼓手，兩旁划槳的人叫划手。船頭設有亭台，上面站著一個靈巧俊秀的小男孩演台閣故事，俗稱「龍頭太子」。船尾高丈餘，由擅長嬉水的小兒表演各種水上嬉玩節目，有獨佔鰲頭、童子拜觀音、指日高昇、楊妃春睡等。

在比賽的前一夜，各龍舟隊伍要準備祭品，請巫師作法。巫師從船頭翻到船尾，撒蕎麥燃起火來，名為「亮船」。划船時也要請巫師唸咒詞，咒詞曰：「天火燒太陽，地火燒五方，雷火執常法，燒死諸不祥。龍舟下弱水，五湖四海任漂蕩。」舟上的划手都身著綵衣，這是對遠古祖先文身的模仿和演變。

這些划手一般出身於江南的捕魚人家，履巨浪如平地。行船的時候，划手們要以旗為指揮，聽鼓點划槳，不亂分毫。緊密的鑼鼓一敲響，龍舟便直飛而出，隨著有板有眼的鼓點，劈江斬浪。兩岸數萬觀眾心潮澎湃，吶喊聲、歡呼聲響成一片，震天動地。

但不論如何歡樂，人們都不會忘記，競渡本是為了招回屈原大夫的魂魄。競渡的船隻散歸時，江面上響起了雄渾悠揚的招魂曲：「有也回，無也回，莫待江邊冷風吹。」人們對著江面，

供奉上祭品和美酒，燒黃紙錢，心中默默祈祝平安。

祭品隨水而去，不知漂向何處，但這種招魂之風，分明濃縮了人們眾多的情感因子：端午佳節聚首同慶的歡樂，是對才子賢臣屈原的追慕懷念以及對人生與未來的種種期盼。

採藥、踏青與鬥草

《夏小正》說：「五月聚積草藥，用來除去毒氣。」五月初五這天，人們還要出去採摘各種各樣的雜草藥。據說此時百草都是藥，稱為「草頭方」，而且只有在端午雞鳴之前採來的藥才有奇效。

俗語云：「癩蛤蟆躲端午」，又說：「躲得過端午，躲不過端六。」這天的採藥人要捉蟾蜍，即癩蛤蟆，拿去藥市取蟾酥合藥。也有人給蛤蟆的肚子裡灌進去好些墨，等乾了之後，將墨塊取出來，塗在病人身上腫脹的地方，就能夠藥到病除。

初五清晨這天早上開始，拿一塊明礬在太陽底下曬上一天，可以治療蚊蟲叮咬。午時采雞腸草，曬成干粉末，最能治療牙齦腫痛。孫思邈在《千金方》中提到，端午這天用葵子炒成微末兒，拉肚子的人在吃飯之前用溫酒服用一錢，立刻就能

痊癒。

這天的藥房和酒肆，也要給老主顧饋贈雄黃、白芷、蒼朮、酒糟等。《紅樓夢》中寫到賈芸在端午節給鳳姐送冰片、麝香以討差事，而王熙鳳也正是要辦端午的節禮，採買香料藥餌之物。

南方盛行龍舟競渡，北方則多好端午游勝。《禮記·月令》說，陰曆五月可以住在高而明亮的地方，可以到高處眺望遠方，可以爬山，也可以住在台榭上。

五月初五，士農工商各行各業的人都會到野外踏青。北京人最愛遊玩，這天有去南頂城隍廟逛市的。也有好雅趣的，準備一些肉蔬果品，同眾位興趣相投的友人小酌幾杯，夕陽芳樹之下，陶醉忘歸者大有人在。

男子出門踏青遠眺，女子則多在庭院裡鬥草玩耍。「鬥草」風俗歷史悠久，自周代就已有了，《詩經》中也有描述，最早見於文獻則是在魏晉南北朝時期，梁宗懍《荊楚歲時記》載：「五月五日，四民並蹋百草，又有斗百草之戲。」這種遊戲到唐代已經十分流行，是孩子們喜愛的小遊戲。

如白居易的《觀兒戲》詩：「弄塵或鬥草，盡日樂嬉嬉。」

而在崔顥的《王家少婦》中，鬥草者則是少婦：「十五嫁王昌，
盈盈入畫堂……閒來鬥百草，度日不成妝。」年僅十五歲的女
孩子，卻已經早早嫁為人婦，於閒來無聊之時鬥草，玩得興起，
連妝容都懶於打扮。

小兒女們玩鬥草，通常是兩人把草莖互相交結，各往自己的方
向拉去，斷的一方就是輸了。玩法簡單，既有「鬥」的樂趣，
也少不了採草遊玩的意興。

鬥草遊戲甚至也傳入宮中，唐中宗的時候，安樂公主就特
別喜好鬥草遊戲，令人騎馬去找各種不同的花草，堪比「一騎
紅塵妃子笑，無人知是荔枝來」的排場了。宋代鬥草出現新的

高峰，如柳永詞中就有「盈盈，鬥草青青」之句。

　　更著名的還有晏殊的《破陣子》詞：「巧笑東鄰女伴，採桑徑裡逢迎。疑怪昨宵春夢好，元是今朝鬥草贏，笑從雙臉生。」民間的女子邀鄰家姐妹同玩鬥草，贏了的人雙臉含笑，自己還感歎著，怪不得昨晚做了好夢，原來應在了今天鬥草勝利之彩。

　　明清時期，鬥草之風也有了新的趣味。《紅樓夢》裡有關於「鬥草」的精彩描寫：寶玉過生日，大觀園眾姐妹忙於安席飲酒作詩，而外面「香菱和幾個丫頭各採了些花草，鬥草取樂。

　　這一個說：『我有觀音柳。』那一個說：『我有羅漢松。』突然豆官說：『我有姐妹花。』這下把大家難住了，香菱說：『我有夫妻蕙。』豆官見香菱答上了不服氣地說：『從沒聽見有個「夫妻蕙」！』香菱爭辯道：『一個剪兒一個花兒叫做「蘭」，一個剪兒幾個花兒叫做「蕙」，上下結花的為「兄弟蕙」，並頭結花的為「夫妻蕙」。我這枝並頭的，怎麼不是「夫妻蕙」？』

　　豆官被問住，就開玩笑說：『你漢子去了大半年，你想他了，便拉扯著蕙上也有了夫妻了，好不害臊！』說得香菱滿面通紅，笑著跑過來擰豆官的嘴，於是兩個人扭滾在地上。」眾

丫鬟嬉戲打鬧，非常開心。

所有這些，門窗上掛的，衣服上戴的，頭髮上簪的。更有五月禁忌、飲食風物、競渡踏青、採藥鬥草……五光十色，綵帶絲線，淡淡憂傷，卻又笑聲悅耳，把節日的氣氛烘托得濃如醇酒，盡情抒寫了五月的美麗與哀愁。

「紀念屈原」作為端午節的主題之一，表達了一種張揚的民間抗爭精神。實際上，屈原代表了統治者與人民之間的一種妥協與和解。端午節是政治的，既屬於官方的政治撫慰，也屬於民間的政治理想，它具有忠孝濫觴與抗爭精神，兼有愛國情懷與正義訴求，而後一層含義無疑更可貴，雖經千百年來的壓制和掩蓋，仍然閃耀著別樣的光芒。

在端午節，艾蒲與蘭芷的芬芳高高昇起，飄入四海，與人間的正氣和美好結為一體，成為一種不可撼動的浩然之氣，或可稱之為「國魂」。

六月六

六月六日曬書詩　　清‧潘奕雋

三伏乘朝爽，閒庭散舊編。

如游千載上，與結半生緣。

讀喜年非耋，題驚歲又遷。

呼兒勤檢點，家世只青氈。

「六月六」是漢族和一些少數民族的傳統節日。此時盛夏已至，大江南北陸續迎來了雨季，處處瀰漫著潮濕的空氣。大氣晴好時，日頭又十分毒辣，令人感到炎熱難耐。這個時節的民間習俗，也與天氣有著緊密的關聯。

根據最早的傳說，農曆六月初六這天是大禹的生日。到了宋代，宋真宗趙恆將六月六定為天貺節，也叫天賜節。景德元年（公元一千零四年），遼兵南下，意欲侵犯大宋江山，在主戰派大臣寇準等人的影響下，宋真宗御駕親征，後來便有了雙方議和的「澶淵之盟」。

遼人敬畏天命神明，宋朝君臣為了不戰而退遼兵，便假託真宗收到「天書」，受到上天的祥瑞庇佑，遂定這一天為天貺

節，並極力宣揚此事。在這一天，全國上下禁屠宰、免刑罰，皇帝要率眾臣去泰山封禪，為此，還在泰山腳下的岱廟建造了一座宏大的天貺殿。

民間對六月六的態度就要閒散隨意得多。這一天不是很正式的節日，但人們還是遵循著古老的風習，家家戶戶忙著曬書、曬紅綠（衣物）、洗浴賞花、接女兒回娘家，佛家寺廟也多在這一天曬經書。從「西天取經」的佛教傳說到民間的曬書，這之間的關聯也許是偶然，也許是必然。

「曬」的樂趣

六月六正值暑熱時節，陽氣鼎盛，太陽以極大的熱力籠罩了大地。在北方，人們透過木窗櫺上新糊的窗紗，能聽見槐樹上蟬聲正在歡叫。在江南，梅子黃熟，漫長的雨季開始了。潮濕的天氣帶來了黴菌，衣物、書籍、食物等都極易霉腐損壞，北方雖然好些，但也難免蟲蛀之災。

所以在六月六這天，人們都翻箱倒櫃，把家中的書籍和衣物拿出來晾曬，既可去霉腐，也可殺蛀蟲。清人潘奕雋的這首《六月六日曬書詩》，描畫出三伏天的清晨，趁著天氣尚自涼

爽，人們便開始在庭院中散放家中舊書的場景，表達了讀書人對書籍的喜愛以及詩書世家的勤儉持家之道。長輩帶領著家人一起曬書的家常景象，格調悠閒又不失居家溫情。

關於曬書的典故，史書和文學作品中也多有記載。春秋末期，孔子周遊列國，率弟子自宋國返回魯國的路上，經過芒山時下起了大雨，於是孔子帶眾弟子在此處避雨曬書。

《世說新語·排調》則記載了「郝隆曬書」的典故：郝隆先生在七月初七這天，跑到太陽底下曬肚皮，人們問他為什麼，他說自己在曬書。郝隆的意思，是說自己滿腹經綸，曬肚皮就是曬書了。

中國的讀書人，總是希望能夠得遇伯樂，可是如果沒有足夠的能力和幸運去遇到好機會，就只能故作驚人之狀。梁實秋先生在《曬書記》中講，書既然裝在肚子裡，就不必曬。郝隆這種魏晉時代的行為藝術，難免讓現代人覺得誇張。

佛家把六月六叫翻經節，南方的一些寺院還會舉行翻經會。這一天，各個寺廟要在烈日下曝曬藏經。寺中的僧人召集村裡的老太太來寺廟翻經，告訴她們說，翻經十次，來世便可以轉為男身。

　　小說《西遊記》中，唐僧師徒在天竺國如來佛祖處取得真經，八大金剛奉法旨送四人返回大唐，這邊觀音菩薩把唐僧一路上經歷的災難簿子從頭看了一遍，忽然說道：「佛門中九九歸真。聖僧受過八十難，還少一難，不得完成此數。」當時就命令揭諦道：「趕上金剛，還生一難者！」

　　揭諦趕上金剛後，說明菩薩法旨。金剛奉令，刷地把風按下，將唐僧四人連馬帶經降落在地。師徒四人無奈，走到了通天河處，正愁沒辦法過河，卻看見之前馱他們過河的老龜現身幫忙，四人大喜，上了老龜的背渡河。誰知走到河中央的時候，老龜問道：「之前我託聖僧幫我問問佛祖，我的壽元幾何，何時能成佛，你可幫我問了沒有啊？」唐僧一聽，才想起忘了問這件事。老龜一聽，大怒，直接把四人翻進河裡。

　　四人上岸後發現經書都已經濕了，只好在一塊大石頭上曬經書，最終了結了九九八十一難。倉皇之中，經書被毀損了幾卷，唐僧很懊惱，孫悟空卻說，這經書原本是全的，現在破損了一點，也是應了不全的奧妙，豈是人力所能左右的呢。從這裡看來，曬經比曬書多了一份虔誠和一種境界。孫悟空的悟性倒是很高，知道有瑕疵正是萬事萬物的奧妙之所在。

　　老儒生曬舊書，和尚們曬經書，皇家曬鸞輿儀仗、書集經史。豪門貴族曬字畫、衣服、緞匹、圖章、書籍。皮貨店的通風處掛著滿噹噹的皮衣毛貨，喜轎鋪子裡把轎圍子繡片、旗傘衣帽晾滿了街門口。平民百姓也曬，「六月六，家家曬紅綠」、「紅綠」便指的是五顏六色的衣冠帶履。

曬書固然是為了防潮，可倘若「曬」的是珍愛之物，這舉動就往往多了一份虔誠。《西遊記》曬經書的故事帶來的感悟，又何嘗沒有在人們的生活中反復上演呢？

　　曬著曬著，人們就有比較心態，各家比著衣物的奢華與花樣。據說明朝正德年間的奸臣錢寧家，在六月六這天曬紅綠衣服，因為衣服繁多，十六個裁縫花了半個月才折好。

　　晉時阮籍的侄子阮鹹看到周圍的鄰居家都曬出了錦繡衣裳，就拿了根竹竿挑了一條褲衩來曬，還調侃道：「未能免俗，聊復爾耳。」這種狂生之態倒也無可厚非，但多少有點誇張。百姓倒是沒有這麼多說法，踏踏實實地過日子，哪怕是貧家女孩的舊衣裙，太陽下曬過後，那股暖洋洋的清新味道，倒也讓人覺得舒坦和心安。

　　除了曬之外，這天也有洗浴之俗。女人們這一天要細細地沐浴身體髮膚，香湯沐浴之後，頭髮清爽，身體清香，整個人都精神起來。養貓狗的人家，主人要帶著貓狗去河邊洗澡，叫作「六月六，貓兒狗兒同洗浴」，以去除貓狗身上的跳蚤虱蟲，單是想想貓兒狗兒一起洗澡的場面，就足夠令人莞爾了。

　　明清時宮廷設有象房，三伏天裡會設置儀仗鼓吹，由專門飼養看管大象的象奴牽往宣武門外河中沐浴，京城裡的人們在河的兩岸圍觀，有好事者拿錢給訓象師，好讓他引大象獻技。

　　到了六月六，一年也過了將近一半。書籍衣物需要曬，好

防止霉爛蟲蛀，使其更為耐用，延長壽命。人也如同萬物一般，以沐浴儀式來出表達對生命的敬畏，以享受沐浴的過程來迎接新生。

食冰賞蓮

中國人慣會精緻的玩樂，便是在有些悶熱的伏天酷暑之中，也要搞出一些花樣來，極盡風雅之事。

五代時王仁裕《開元天寶遺事》中寫到，夏日裡人們在風亭水榭之處，備上一些冰鎮美酒和新鮮水果招待友朋，聽著風聲、流水聲、絃樂聲，陶醉其中，妙不可言。也有富家子弟用華美的錦幄搭設涼棚，邀請長安的眾名姝前去聚會遊玩，叫作避暑會。

據《東京夢華錄》和《武林舊事》記載，宋朝時汴京和杭州的冷飲種類很多，有砂糖綠豆、梨汁、木瓜汁、酸梅汁、紅茶水、椰子酒、薑蜜汁、紫蘇飲、梅花酒等等。

六月正當夏季伏天，皇帝自然少不了要賜賞冰雪。明清時，朝廷從立夏日開始就開啟冰庫，陸續賜冰給文武大臣。由工部頒給各衙門份例冰票，自行領取，按官職等級，多少不盡相同。

皇家窖藏的冰，一般都要到三伏酷暑之時取出來使用。但這種窖藏的冰塊並非是用來直接食用，而是用於室內降溫和冰涼食物，有點像現代冰箱和空調的合併功能。

北京城有賣冰盞兒和酸梅湯，酸梅和冰糖煮開後，加入玫瑰、木樨、冰水，喝起來非常冰涼爽口。六月上旬，市場上賣西瓜的商販沿街叫賣，有三白、黑皮、黃沙瓢、紅沙瓢各類品種，既能清暑，又可解醉。

江南地方常有賣涼水的，那些寒冬臘月時藏了窖冰的商販人家，六月裡擔著出來走街串巷地叫賣，就叫作「涼水」了。

古時候沒有冷凍設備，窖藏的冰到了夏季就顯得格外珍貴。倘若炎熱的天氣裡能得到皇帝賞賜的冰，那就更可謂「皇恩浩蕩」了。

賣涼水的同時也兼賣冰鎮的楊梅、桃子、紅花，叫作冰楊梅、冰桃子、冰紅花等等。南方有賣煎蘇葉、藿葉、甘草湯和綠豆湯的，叫作「暑湯」。值得一提的是，江南所產的木蓮，種子中含有黏性，放入布袋之後用冷水浸泡，揉搓之後能凝成顏色淡黃、半透明狀的「涼粉」，加入糖水和果汁之後食用，味道滑彈可口。

南方三伏天的中午，賣麵的攤子也頗受歡迎，早晚有臊子麵，吃得人大汗淋漓，口爽回味。茶坊裡多增加了金銀花、菊花茶湯，叫作「雙花」，在酷暑中能夠敗火。

清代時，京城人還有六月賞荷的習俗。積水潭樹木陰影下，太液池水波蕩漾中，什剎海芳草茵茵處，綠柳垂絲，桅檣煙雨，紅衣膩粉，花光人面，掩映迷離，如同江南美景。人們結伴而行，於岸邊的樓台亭閣中酌酒賞花。《離騷》中寫道：「制芰荷以為衣兮，集芙蓉以為裳。」

賞荷主要是消遣，也是聚會，一面乘涼賞花，一面吃些清新的飲食：船家新捕撈的河魚做湯，滋味無窮。蓮藕、鮮菱、芡實、慈姑、桃仁，冰過之後下酒，鮮美無比。岸邊隱隱傳來簫鼓絃歌之聲，更別有韻味。除了荷花，還有其他花色可供賞

玩，如茉莉花、福建蘭可以摘來熏茶。六月菊、白鳳仙可以用
來泡酒。勤娘子、馬纓花在清晨時逕自開放。

看谷秀，請姑姑

評劇《花為媒》中，阮媽媽唱道：「六月六，看谷秀，春
打六九頭，頭上擦的本是桂花油，油了褲，油了襖呀，油了我
的花枕頭。」所謂「看谷秀」，是說六月莊稼長勢正旺，已是
吐須秀麥穗之時，鄉間的人們在六月裡要時常觀察莊稼的長勢，
以占卜豐歉。

六月六也被稱為「蟲王節」，農人們要準備酒肉，在田地
和庭院裡焚香祭祀八蠟，以防止蟲害，保五穀豐登。有的地方
要祭祀蟲王，如青苗神、劉猛將軍等。除了祭祀，人們害怕蝗
蟲禍害辛苦耕種的莊稼，還要用火燒、用網捕，雙管齊下，防
止蟲災氾濫。

六月六的五更時分，人們要去井邊汲水，用壇甕收藏起來
備用。這天的水用來做醬醋，醃製瓜茄鹹菜，滋味會特別好。
北方鄉人的炕桌上，往往有過水麵、雞蛋、大蔥蘸醬等爽口食
物。南方人家的桌台上，會有一些素淡的青菜如炒韭菜、煎茄

子和烙煎餅，也有地方吃餛飩、馬齒莧、雞肉粥。

　　六月六這天，民間也有接出嫁女兒回娘家「歇夏」的習俗，叫作「請姑姑」或者「姑姑節」，伴隨這個習俗，還有一個與晉國名臣狐偃有關的民間小故事。

　　春秋戰國時期，晉國功臣趙衰與狐偃是兒女親家，兩人關係原本不錯。但狐偃受到晉文公重用後，開始驕傲自大起來。趙衰對狐偃的一些作為很不滿，就直言勸說，狐偃不但沒聽，還當眾責罵趙衰，以致趙衰被氣死了。

　　趙衰的兒子恨上岳父，決心為父報仇。適逢晉國夏糧遭災，狐偃出京放糧，臨走時說六月初六一定趕回來過壽。趙衰的兒子得知這個消息，決定在六月六大鬧壽筵，刺殺丈人，以報父仇。

　　狐偃之女探知此事，不忍父親被殺，便回娘家通風報信。狐偃放糧途中看到了民間疾苦，痛悔自己之前的豪奢驕橫，聽說女婿要刺殺自己，不但沒有怪罪，還當眾承認了自己的錯誤。

　　從此以後，狐偃真心改過，翁婿比以前更加親密。為了永遠吸取這個教訓，狐偃每年六月六都要請女兒、女婿回娘家團聚一番。

　　但實際上，這個關於狐偃的故事只是百姓炕頭上用以消遣的故事，看看就好，不必當真。歷史上的狐偃不僅是個名臣，還是個不折不扣的忠臣。晉獻公的寵妃驪姬為了讓自己的兒子奚齊繼位，迫害申生、重耳和夷吾三兄弟。狐偃本是晉文公重耳的舅舅，在重耳逃亡時忠心跟隨，頻獻妙計，救重耳於危難之中。

　　晉文公復國之後，狐偃被委以重任，幫助晉文公掃除內亂、革新內政，晉國逐漸昌盛。晉文公給狐偃以極高評價，盛讚「偃言萬世之功」。別的尚且不說，只說狐偃死於趙衰前面這一條就足夠了，一個死了好幾年的人，怎麼可能再活過來，氣死趙衰呢？

　　六月六「請姑姑」的習俗來源，本來只是父母思念嫁出去的女兒，希望女兒回娘家團聚幾天。而女兒女婿也應該定期去看望和孝敬年邁的父母。習俗是出於「孝」，而故事卻多少有點不可信。

　　夕陽西落的時候，京城賞蓮尋樂的人還在湖畔盤桓，鄉下的農人準備吃過晚飯就點了火把去田間驅趕蝗蟲。寺廟和書院裡，曬過的經書典籍都各歸了原位。

　　百姓人家的衣物和被褥也被六月的陽光曬得既乾又透，人們抱著散發著暖暖陽光味道的衣物和棉被，感受著生活中最細微處的喜悅和滿足，想著明年的六月六，也一定是個艷陽天。

秋季篇

　　秋天的節日總有那麼一點憂傷的味道。先是七夕的愛情故事，守望銀河、相思不盡的牛郎織女讓世間那些有情卻夢難圓的男女不勝唏噓：金風玉露一相逢，便勝卻人間無數。然後便是「人鬼情難了」的中元節，盂蘭盆會和目連戲是喧天的鑼鼓，說不盡的熱鬧。而夜晚水中的河燈，又是另一番淒涼寂寞。

　　中秋節的月餅濃香出爐的時候，天上的月亮正牽連著萬千遊子的心腸，月亮最能勾起人們的離愁別緒，雖有闔家團圓的歡笑聲，也有「舉杯邀明月，對影成三人」的孤獨淚。重陽的茱萸和菊花，紅的黃的，絢爛之色點燃了秋天優雅的迷人景致。

　　九月九的酒要登到高處和兄弟一起喝，然而那些崇尚名士風度的隱者卻也不拘於此，獨自對著滿園的菊花也能喝到盡興而歸。秋天的淡淡愁緒，也許是因為有情人不能相聚的悲傷，也許是因為死別與追懷逝者的哀痛，也許是因為佳節未能與親朋團圓的遺憾，也許是出於讀書人鬱鬱不得志的憤懣。

　　秋天的節日是智慧的種子，正因為體驗過這些痛苦與憂傷，人們方能多出幾分思考和反省，在收穫的金秋時節感悟人生的諸多無奈，進而達到「不惑」的境界。

七夕

鵲橋仙　　宋・秦觀

纖雲弄巧，飛星傳恨，銀漢迢迢暗度。金風玉露一相逢，便勝卻人間無數。柔情似水，佳期如夢，忍顧鵲橋歸路。兩情若是久長時，又豈在、朝朝暮暮。

農曆七月初七，正是初秋時候。民間傳說，每年這一天的夜晚，便是天上的織女與牛郎在鵲橋相會之時。秋天的風是金風，秋天的雨是玉露，人秦觀所寫的金風玉露，指的卻是兩情相悅的男女相逢時的那份情意，勝卻了人間無數美事。

這天清晨，烏鴉和喜鵲會比別的鳥兒飛來得遲一些，老人們說，牠們是飛去給牛郎織女「填橋」了。《詩・小雅・大東》記載：「維天有漢，監亦有光。跂彼織女，終日七襄。雖則七襄，不成報章。睆彼牽牛，不以服箱。」

意思是，天河雖然能鑒人，但只見光卻不見影。織女星每天的位置要變動七次，也沒能織成布。牽牛星牽著一頭牛，卻不用來駕車載物。牛郎織女分居於銀河兩岸，每年只能見面一次，他們相會的日子就成了中國人的「情人節」。

迢迢牽牛星，皎皎河漢女

江南水鄉的七夕之夜，人們準備了瓜果酒餚，在亭閣或樓台之上設宴，大人們談笑閒趣，小兒女則向著天上的銀河叩拜，虔誠地聽著老人們講牛郎織女的傳說。

很久以前，有一個淳樸善良的男孩，從小父母雙亡，跟著哥嫂過活。可是狠心的哥嫂貪圖家產，把他趕出了家門，只分給他一頭瘦弱的老牛，男孩便白天放牛、砍柴，晚上睡在一間破草房裡，與老牛相依為命。故此人們都稱他為牛郎。

有一天，牛郎放牛走入了一片陌生的樹林，那裡山清水秀、鳥語花香。忽然，他看到七位仙女駕著祥雲落在河邊的草地上，脫去五彩霓裳，跳進清澈見底的河裡洗澡嬉鬧。

牛郎盯著一個小仙女看得入了神，這時，老牛突然說話了：「她是天上的織女，只要你拿走她的五彩霓裳，她就會做你的妻子。」牛郎聽後，悄悄地沿著樹叢過去，拿走了織女的五彩霓裳。

天近午時，仙女們紛紛穿起五彩霓裳，駕著祥雲而去，只有織女找不到五彩霓裳，留在原地焦急不已。牛郎便從樹後走出，請求織女做他的妻子，織女見牛郎忠厚老實，也很中意他。

　　兩人喜結良緣後，過著男耕女織的幸福生活，還生下一雙兒女。然而，天條規定神仙不能私自下凡，人仙更不可相戀。在七月初七這天，王母娘娘派出天兵天將，強行帶走了織女。牛郎將一兒一女放進筐裡，用擔子挑上籮筐，披上老牛留給他的牛皮，追上天去。

　　眼看就要追上了，王母拔下金簪在空中一劃，銀河水滔滔而出，阻斷了牛郎織女的相會。肝腸寸斷的織女和悲憤欲絕的牛郎，一個在河西一個在河東，遙望對泣。後來，王母被這二人的情意感動，就令喜鵲在銀河兩岸搭起了鵲橋，准許他們在每年的七月初七相會一次。

　　「牛郎織女」故事的原型很多，與其相關的有晉人干寶《搜神記》中的一則《毛衣女》故事：「豫章新喻縣男子，見田中有六七女，皆衣毛衣。不知是鳥。匐匐往，得其一女所解毛衣，取藏之。即往就諸鳥。諸鳥各飛去，一鳥獨不得去，男子取以為婦，生三女。其母后使女問父，知衣在積稻下，得之，衣飛去。去後復以迎三女，女亦得飛去。」

　　這個神異傳說的背後卻隱含了一些真實的信息：農耕氏族的男子遇到另一個崇拜鳥圖騰且擅長織羽的氏族女子在河中洗

澡，男子搶異族女子成親，女子生子後偷偷離去，回到了原先的氏族部落。

　　然而，七夕節的形成並非僅僅來源於神話，它是在歷史中逐漸形成的，有著民間傳說以外的內容。在銀河系西面的天琴座中，最明亮的一顆星便是織女星。而在銀河東面，天鷹座的牽牛星與織女星遙遙相對。

　　古人在對天象的觀察中發現，織女星出現的時間為七月，

七夕是關於愛情的節日。這一天，天上有牛郎織女鵲橋相會的傳說，地上的女子則進行「乞巧」，渴望心靈手巧並得到美好姻緣。

而此時正好近秋。與織女星相對的牽牛星恰好也在此時出現，引起了人們的注意和想像。從農耕時代各氏族部落人們真實的生活到七月星宿的聯想，流傳得久了，很多細節逐漸豐滿，內容也更加豐富，七月牽牛織女星宿的特點恰好和這類型的民間故事相結合，形成了現在我們所看到的「牛郎織女鵲橋相會」的愛情故事。

《古詩十九首》中有詩云：「迢迢牽牛星，皎皎河漢女。纖纖擢素手，札札弄機杼。終日不成章，泣涕零如雨。河漢清且淺，相去復幾許？盈盈一水間，脈脈不得語。」中國人的愛情觀含蓄、柔和、內斂。但在七夕這個節日，愛情的傳說則表達了人們對情感的淋漓抒發。

七夕之夜，唐玄宗和楊貴妃就曾在長生殿中對著牛郎織女星發下誓言，願生生世世結為夫妻，永不分離。這段愛情故事被詩人白居易寫來，更令人別有感觸，不勝唏噓：「七月七日長生殿，夜半無人私語時。在天願作比翼鳥，在地願為連理枝。天長地久有時盡，此恨綿綿無絕期。」這位締造了開元之治的玄宗皇帝，卻無可避免地沉浸在楊貴妃的溫柔鄉中難以自拔。

自古以來，君王都是好的，禍害一定是君王身邊的女人們。

於是，為了處死一個女子，臣子軍士不惜逼宮。楊玉環的死，是否真的讓這些人心安理得呢？連唐玄宗都越不過去的愛情銀河，牛郎自然也無可奈何。

君王也好，平民也罷，面對感情世界，都有著軟弱的一面。但無論結局如何，這些生死不渝、不離不棄的愛情故事還是感動著一代又一代的中國人。人們願意相信，哪怕是傳說裡的神仙，也留戀這滾滾紅塵，願意為愛情付出自由與生命。

望秋月以乞巧

七月初七夜，人們灑掃庭院，在屋外設置桌几椅子，準備鮮花、茶酒、巧果、肉脯、蓮蓬、白藕、紅菱等，桂圓、榛子、花生、瓜子等乾果。

還有用新鮮瓜果雕刻出花樣的，叫作「花瓜」。齋戒沐浴後，愛美的女兒們便梳妝起來，挽上別緻的髮髻，簪上一朵白蘭或素馨花，畫眉點唇、塗脂抹粉，用鳳仙花染紅指甲，收拾妥當後，才裊裊婷婷地相約而聚。

人們輪流在供桌前焚香祭拜，默禱心願。如果看見銀河處有白色霧氣或五色光芒，便是牽牛織女星神顯靈了。傳說漢文

帝的皇后竇漪房在小時候頭髮稀少，家裡的人都不大理她，七月初七日夜晚，人人都到外面觀看織女星，唯獨不許她出去看。這時卻有光照亮了她的閨房，這就是將來她做皇后的吉兆。

祭祀星神之後，便要開始向織女星神乞求智巧了。從漢朝起，七夕月下乞巧便已成俗。女人們相約一起，在月色下穿針引線，能夠快速把五色絲線穿入連續排列的七孔針或九孔針的女子，被稱為「得巧」。

南朝《荊楚歲時記》記載，這天夜晚，家家戶戶的女人都結紮彩色的絲線，穿過用金、銀、黃銅做成的七孔細針，如果有蜘蛛於擺列在庭院中的瓜果上織網，人們就認為是織女星神降臨的徵兆。

五代王仁裕《開元天寶遺事》中說，唐太宗時，每逢七夕會舉行夜宴，宮女們各自乞巧。皇宮中用錦緞結成高百尺的乞巧樓，在上面陳設瓜果酒炙等乞巧供品，祭祀牽牛織女星。妃嬪們對月穿針乞巧，音樂和歡笑聲通宵達旦。

此外，唐朝也有「蛛絲卜巧」：以小盒子盛一個喜蛛，第二天早上看蜘蛛結網的疏密程度，密則巧多，疏則巧少。

七夕的頭天晚上，人們準備鴛鴦水放置在庭院之中，融合

夜中的露水，第二天再把水放在日光下，等水面生膜的時候，女孩們便向水中拋下繡花針。針漂浮在水面上，而水底的針影卻千姿百態：有動如雲狀，有散如花形，也有鳥獸模樣的。若是成鞋、剪刀狀的，或者針影又細又直的，被稱為「得巧」。那些針影粗如棒槌的，就是笨拙的象徵。這樣的結果對於女孩子們來說很重要，「得巧」的暗暗得意，喜形於色，「得拙」的就唉聲歎氣，甚至兩眼垂淚。

舊時各地女子的乞巧風俗不盡相同，但大多與針線有關。有人比賽穿針，也有人把繡花針拋進水裡，從針影的形狀判斷巧拙。

除了占卜巧拙之外，姑娘們還要「賽巧」，看誰穿針引線快，誰就「得巧」，慢的稱「輸巧」、「輸巧」的人要將事先準備好的小禮物送給「得巧」者。這樣細緻生動的過程，讓人

聯想到辛棄疾的詞句：「昨日春如，十三女兒學繡，一枝枝、不教花瘦。」

古時七夕的祈求活動除了乞巧之外，還有「乞富、乞壽、乞子、乞美、乞姻緣」，小孩子則乞求聰明，每個人都懷著自己的私願。在鄉村的七夕夜，主婦把綠豆、豌豆、小麥等浸在瓷器裡，等長出三四寸的綠芽時，再用紅藍絲線纏繞在芽上，叫作「種生」。

少女們則偷偷地躲在生長得茂盛的黃瓜架或南瓜棚下「聽天上的聲音」，據說在夜深人靜之時，那些善良手巧的姑娘便能聽到牛郎織女相會時說的悄悄話。對於古代的中國女性來說，即使是貴族女性，女紅針黹都是很重要的工作，詩詞之類則可以會，可以不會。

如《紅樓夢》第六十四回透露了薛寶釵的女性哲學：「總以貞靜為主，女工還是第二件。」這其實是代表了當時主流的女性價值觀，「女工」的位置僅次於道德品性。而七夕節這天，女子對織女的乞巧儀式則更加突出了古代社會對女子女紅針黹的要求和期待。

離恨與歡情

七月天氣溫暖，草木飄香。天上的牛郎織女正在心懷感傷、互訴離恨別情的時候，人間卻一片歡鬧景象。

在有的地方，雞叫第一遍的時候，江邊或井畔打水的人已經聚集成群了。據說，這一天的水是仙女沐浴之後的「天水」，比平時的水要重，味道清甜且長久不變，可以治療熱病。

後世的女子也有群聚河畔沐浴的，那是對織女下凡沐浴的模仿。舊時廣州流行「七娘會」， 女人們用茉莉花枝和翠羽紮成小船，放在水中，以象徵牛郎織女天河相會。

宋元開始，京城中便形成了賣乞巧物品的市場，世人稱為「乞巧市」。《醉翁談錄》中說：「七夕，潘樓前買賣乞巧物。自七月一日，車馬嗔咽，至七夕前三日，車馬不通行，相次壅遏，不復得出，至夜方散。」

乞巧市上車水馬龍，各色閒人都在這裡湊熱鬧。但乞巧市無疑是女孩子的天堂，這裡衣香鬢影，那邊暗香浮動。裝扮如仙子的女孩，手拿著尚未盛開的荷花，嬌羞無限。頑童穿著鮮翠衣衫，擎著碩大的荷葉，嬉鬧流連。少年們聚在一處，或看熱鬧，或吹拉彈唱，或相互嬉戲笑鬧。

街市兩邊設有許多買賣攤子，吆喝聲、叫賣聲不絕於耳。

有賣針線的、巧酥類甜點心的，也有木雕的玩意兒、各種精巧物件如胭脂水粉、荷包香囊、首飾絲帕、簪子手鐲，紙做的小型花衣裳、鞋子、日用品和刺繡等。比較特別的是有人賣黃蠟鑄成的童子，彩畫金縷。

也有泥塑或者木雕的嬰孩，都穿著彩色的小衣服，嗔眉笑眼，小巧可愛，是專為那些「乞子」的人準備的，也是小孩子喜愛的玩具。

乞巧市上最受歡迎的是賣乞巧果子，款式極多。這種果子用油、麵、糖、蜜做成，先將白糖放在鍋中熔為糖漿，然後和入麵粉、芝麻，拌勻後攤在案上擀薄，放涼後用刀切為長方塊，最後折為梭形巧果坯，入油炸至金黃即可。手巧的女子，還會把果子捏塑成各種與七夕傳說有關的花樣。

說到愛情神話，中西方的差異比較大。希臘神話中的大多數愛情故事，與其說是情感追求，更不如說是真實的慾望表達。即便是忠於情感，也缺少細膩的表達，更多如《奧德修紀》中所描述的奧德修斯一般充滿了激情和力量。

奧德修斯在海上漂泊十年，經歷艱難險阻，最終拒絕了女神加裡普索的挽留，回歸故里，與心愛的妻子珀涅羅珀團聚。

作為中國情人節的七夕和「牛郎織女」這類的中國神話，則有著含蓄和婉約的特點。如黃梅戲中《天仙配》所唱：「你耕田來我織布，我挑水來你澆園。」

一對相愛的男女在一起，男耕女織，過著世外桃源般的平凡日子，這似乎是中國人情感世界的一個理想國，愛情就在生活之中，不必驚心動魄，不必花前月下。

牛郎和織女終究被外部的力量所阻隔，這無疑是一種相愛不能相守的悲劇。但「鵲橋」出現了，這是彌補愛情悲劇的橋樑，也是中國人對大團圓結局的一種寄託和希望。

中元節

中元作　　唐・李商隱

絳節飄搖宮國來，中元朝拜上清回。

羊權須得金條脫，溫嶠終虛玉鏡台。

曾省驚眠聞雨過，不知迷路為花開。

有娀未抵瀛洲遠，青雀如何鴆鳥媒。

生與死向來是人類最為關注的主題。《辭海》中說，人死後精靈不滅，稱之為鬼。古人相信，人死後會變成鬼魂，悠遊於天地之間。中國的先民們一直在蒙昧中思考魂靈的歸所，他們思念逝去的祖先和親人，並深信死去的人會走向另一個世界，並在異世界中與自己情感相通，祖先的靈力理所當然地令人信賴，並成為子孫後代的精神依靠。這是中國人靈魂信仰的萌芽，後來則形成了重要的祖先信仰。

對於古人「靈魂不死」的觀念，恩格斯是這樣解釋的：「在遠古時代，人們還完全不知道自己身體的構造，並且受夢中景象的影響，於是就產生一種觀念，他們的思想和感覺不是他們身體的活動，而是一種獨特的、寓於這個身體之中而在人死亡

時就離開身體的靈魂的活動。

既然靈魂在人死時離開肉體而繼續活著，那麼就沒有任何理由去設想它本身還會死亡。這樣就產生了靈魂不死的觀念。」

七月十五是立秋後的第一個月圓之夜，在秋氣新來的盛陰之時祭祀亡靈，這其中蘊含著極為深奧的易經哲學。中元節既植根於古老的祖靈信仰，之後又在佛道信仰的雙重影響下確定，最終長成一棵有關「生與死」的信仰之樹。

中國古人認為靈魂不滅，人死後會變成「鬼」遊蕩在陰間。這樣的信仰，最終催生了一個為鬼魂而設立的節日——中元節。

人間事

七月的田野，金燦燦的葵花向著太陽，在風中搖搖晃晃。野草抽出將要結籽的穗子。雞冠花、剪秋羅、玉簪花、芙蓉花、雁來紅爭相開放，芬芳艷麗。但這些花兒卻又都遜於秋海棠，

由青而碧，碧而黃，黃而紅，燦如暮霞，嬌媚更勝於西山紅葉。

　　京城中，秋蟹肥美，蘋婆果熟，各色水果接連上市：酸棗山棗軟棗酸甜可口，紅白石榴甘如蜜蔗，秋梨雪梨貢梨解渴爽心，山楂蜜餞香美滑膩。賣菱芡的商販沿街叫賣：「老雞頭才上河哎！」孩子們大多用竹竿挑著織布口袋，結伴去野外捉蛐蛐，可以賣，也可自家玩。老北京人見面之後寒暄，問一句：「您接雨水了嗎？」這是您今年養不養蛐蛐的同義詞。

　　那時斗蛐蛐成風，紈褲了弟、裙屐少年抱著各式各樣的蛐蛐罐去組織斗局的茶樓博彩，也有跟風的閒人婦女，賭彩不多，主要為湊個熱鬧，看個樂子。得勝的一方，主人會受到大家祝賀，蛐蛐也被封為將軍、蟲王，接受其餘眾蛐蛐的叩頭，場面生動有趣。

　　人間事是絢麗的，是鮮活的，但七月，主要是傳說中鬼魂的節日，七月望，是活著的人禮祭亡靈的日子。

回歸的祖先

　　七月，從天子到百姓，都要為祖先奉上新收割的穀物和新鮮的果子，告知祖先們秋成的喜悅和豐獲，民間稱之為「秋祭

薦新」。古時，士大夫之家往往會集合族人，於祠堂舉行祭祖儀式，準備時果、楝樹葉、生花、花盆、米食，向祖先「告秋成」。鄉村的人們則攜帶新米、新醬、面果、肉脯、酒和紙錢等前往祖先墓地祭祀。

這一天，農人把連根帶土的玉米苗、麻苗和粟苗綁在家門的左右，又單拿出三束麻谷子豎立在門外，供奉以面果，稱為「祭麻谷」。《清嘉錄》中說，中元節農家祭祀田神，帶著粉團雞黍瓜果之類，到田間的十字路口，再拜而祝，稱為「齋田頭」。這都是古代「秋祭薦新」儀式的遺存，而中元節便是在秋祭風俗的土壤上，結合佛道信仰和傳說而發展起來的。

道家傳說中，七月十五是地官大帝的誕辰，地官在這一天斷人間善惡，入夜後誦經濟度，就能使那些餓鬼冤魂得以解脫。佛家則說這一天是地藏菩薩的生日，地藏菩薩曾發大願：「地獄不空，誓不成佛。」以大慈大悲的佛法大赦遊魂野魄。民間流傳著一句悲天憫人的話：「我不入地獄，誰入地獄？」正是地藏菩薩的寫照。

但無論是哪種說法，這一天都並非慶祝神佛誕辰，而是超度亡靈的日子。佛道宣揚超度亡靈，恰好和民間祭祖的觀念一

拍即合，使七月十五成為祭祖祭鬼的日子。民間傳說中又有「鬼節」的說法，傳說人與鬼的世界由一道名為「鬼門關」的大門隔絕著，陰曹地府於七月初一「開啟鬼門」，讓鬼魂重返陽世享受奉祀，到七月三十「關閉鬼門」。

故而在民間信仰中，七月是人鬼同行的月份，是祖先回歸的日子。已故祖先的魂靈要回家與親人們團聚，領受人間子孫獻給他們的祭祀之物。活著的人們自然不能怠慢：清晨，宗族子孫都穿上冠服，列出先祖牌位，準備酒菜，陳設祭品，富貴人家還會準備金銀紙錠和彩色紙糊的冥衣、紙馬車轎等，祭祀之後焚燒。即使貧寒之家，這一天也要準備酒肉、紙錢在祖靈前拜祭，在門上貼紅箋寫著「慶贊中元」。

還有的地方有給亡人送包袱之俗，包袱裡裝著紙錢，封皮上寫著亡者的姓名，如同人間郵寄的包裹，在中元節前一天或者當天在路口焚化。

清代南方，出嫁的女子要給父母雙親備辦紙做的冠服袍笏，用紗罩起來，叫作「紗箱」，七月十五送到父母家。

中元節以前有新喪的人家，辦喪會更為講究一些：在靈前供奉點心，十二盤或者十六盤一桌，多的能設十多桌。靈前擺

列香案，懸掛白色燈綵。喪家要接陪喪、備酒飯並請僧人或道士唸經超度，親友四鄰都前來祭奠。

對於那些沒有去處的孤魂野鬼，人們也要以各種方式祭祀，來安撫這些異世界的孤獨魂靈。古時鄉村裡的中元節，家家戶戶都會在門口供拜豐盛的菜餚，每盤菜上插一炷香。

成都一帶的人們用紙紮「花盆」，裡面放上紙錢及供果，端在手上，在屋內邊走邊念：「至親好友，左鄰右里，原先住戶，還捨不得回去的亡魂，一切孤魂野鬼，都請上花盤，送你們回去，明年請早。」在城市，官府會組織公祭，舉行祭祀法會。

公祭一般在寺廟舉行，廟前豎起一根高高的竹竿，上面掛著燈籠，稱為「燈篙」。公祭者焚紙錢，設宴席，請僧人或者道士建壇施食，主持法事，日夜誦經，普度亡魂。夜幕降臨，「燈篙」上的燈籠隨風搖擺著，蕩漾在深沉的夜色中，如同燈塔一般，彷彿在為那些黑暗中的迷失者指引方向。

盂蘭盆會

佛家要在七月十五做盂蘭盆會。據《佛說盂蘭盆經》所說，盂蘭是西域之語，佛家認為盂蘭盆是一種救人法器，可以解救

逝去親人的倒懸之苦。

　　傳說有一位目連和尚，是釋迦牟尼的十大弟子之一。他早年出家修行，而父母在他得道之前便亡故了。目連修成佛法後，以天眼觀父母所在之處，卻發現母親身墮地獄之中的餓鬼道，肚子大如山，而喉管細如針，只剩皮骨相連，其狀猙獰可憐。

　　目連便使用大神通，給母親送去一碗飯食，但飯菜剛送到母親嘴邊，就變成火焰，令母親的鬼魂受盡折磨。

　　目連心中十分不忍，便求救於佛祖釋迦牟尼，佛祖告訴目連說：「你母親生前造下罪業，故有此劫難。若要救她，要借助十方僧眾的神力。」於是傳給目連《盂蘭盆經》，讓他在七月十五做盂蘭盆以救母親。目連便在七月十五這天誦《盂蘭盆經》，準備五味百果在盂蘭盆中，供奉給各方僧人。經過目連的虔誠修行和努力，他母親的魂靈終於得以解脫。

　　從此以後，佛家便於七月十五這天舉行誦經法會，做水陸道場，放焰口（就是給惡鬼施食），為孤魂野鬼超度亡魂。「目連救母」的佛教傳說宣揚了佛法普度眾生的慈悲精神，也表彰了目連對母親的孝道。「修孝」合乎中國人追祭祖先的俗信，於是普及民間。

　　佛教信仰於漢朝時傳入中國。梁武帝創設盂蘭盆會。到了唐代，統治者篤信佛教，皇家每年送盂蘭盆於各官寺，獻供種種雜物，並有音樂儀仗及送盆官人隨行。

「目連救母」的故事發源於印度，卻在中國廣為流傳，還被改編成戲曲，傳唱至今。這是因為它不僅宣揚了佛教教義，也符合中國人的「孝道」觀念。

　　《舊唐書》中提到，七月望日，唐代宗在宮中造盂蘭盆，裝飾華麗金翠，造價高達百萬。並設唐高祖以下七位帝王的聖位，衣冠整齊，標明帝號，百官都要參加祭拜。

　　到了宋代，民間百姓還製作出一種獨特的「盂蘭盆」。據《東京夢華錄》記載：「又以竹竿斫成三腳，高三五尺，上織燈窩之狀，謂之盂蘭盆，掛搭衣服、冥錢在上，焚之。」這種「盂

蘭盆」是用竹子製成的三腳燈架，高三到五尺，用來焚燒紙錢。

　　明清時，大型的盂蘭盆會一般由當地商戶和士紳主辦，在寺廟內設置經壇，禮懺誦經以祭祀孤魂，焚燒各類紙做的冥器、紙人、紙錢。也有表演秧歌、獅子舞這些雜技的隊伍，觀者如潮。南方也做水上的盂蘭盆會：幫閒好事的人集眾資之後，僱請五六隻大船，長至數丈，船頭設有燈塔，懸著佛燈籠，四周立著冥錢做成的傘扇。道士和尚們在船上做法唸經，從早晨一直到夜間，沿途焚燒紙錢。

　　這一天最精彩的活動還要數「目連戲」。早在南北朝時，僧人已經開始在廟裡宣講《目連救母》的故事了，唐代則由說唱藝人以變文形式流傳。人們說起目連的經歷，都添油加醋，混雜了各種傳說故事。有版本講目連闖地獄救母，佛祖釋迦牟尼親率八部天龍前後圍繞，放光保護，震動地府。也有講目連為救母西天取經，一路降妖除魔，收服精怪。

　　從宋朝開始，目連救母的雜劇十分流行。明朝萬曆年間，鄭之珍寫了一部《目連救母勸善戲文》，戲中說傅相一生廣濟孤貧，齋布僧道，升天後受封。傅相的妻子劉青提（又叫劉四娘）不敬神明，破戒殺牲，死後被打入陰曹地府。其子傅羅卜

為救母往西天求佛超度，佛祖為他所感動，准其皈依沙門，並賜其《盂蘭盆經》和錫杖。

目連在地獄歷盡艱險，最終尋得母親，一家團圓升天。明朝文學家張岱家中曾經造過樓船，用木排搭台演「目連戲」，城中市民和附近村落的鄉親都划著船前來觀看，大小船隻共有千餘艘。

張岱在《陶庵夢憶》中說，徽州旌陽戲子最為剽輕精悍，能相撲跌打者有三四十人。戲中地藏菩薩、十殿閻王、牛頭馬面、夜叉、羅剎次第出場，觀看的人如同親臨吳道子的《地獄變相圖》，十八層地獄中的鋸解鼎煮、刀山寒冰、箭樹毒蛇等，讓看戲的人深感地府的陰冷恐怖。燈火下，觀者的臉也嚇得如同鬼色，演到最精彩處，眾人一起吶喊起來，以驅鬼壯膽。

目連戲有將近百出，如果連續演可以演七天七夜，精彩片段極多，有「目連娘出嫁」、「和尚下山」、「挑經挑母」等。大戲從太陽落山開始演，一直演到第二天的日出。夜色中，戲台上場景變幻，陰風颯颯，戲台下樹影搖曳，人鬼殊途，給中元節添了幾分蕭瑟、凝重和神秘的氣氛。

河燈蕩漾照幽冥

　　除了盂蘭盆會的普度儀式外，人們也會在湖中或河裡放河燈以超度水中亡魂。愛講古的老人們說，放河燈也叫放水燈，是藉著燈光聚集水下的鬼魂，讓他們來陽間聆聽佛法，脫離苦海，早登極樂。

　　放河燈是南北都有的習俗。在中國南方，人們用竹條和塗了松脂的紙糊成水燈，門戶寫著「水燈首」，裡面貼紅紙寫著「慶贊中元」、「普度陰光」的字樣。放水燈時，在小木板上固定一盞荷花燈，船家載著荷花燈到河中央，點燃後放入水中，任其漂流而去。

　　月光熒熒，河水在月光下越發顯得幽暗和神秘——燈亮板上，板漂水中，燭影搖紅，江波燦爛。也有巧手的女子剪出紅紙燈，狀若蓮花，在郊野水邊焚化，叫作「水旱燈」，以「照幽冥之苦」，正所謂「鬼物吟風親酒食，魚龍倚月狎笙歌」。

　　清代北京，朝廷每年會在中元節這天建盂蘭道場。順治皇帝時，從七月十三到七月十五三天都放河燈。皇宮中的小內監拿著荷葉蠟燭燈站在兩岸，妃嬪宮女們將數以千計的琉璃荷花燈放入河中，色彩絢爛，燈光如星。秋風微涼，龍舟過處梵樂莊嚴，禪誦清明，慈航普度。

在老北京，民間所說的荷花燈其實是用荷葉做成的：從荷塘採回一片帶柄的荷葉，找一根小竹片，插上一支蠟燭，往荷葉中心一插，就是一盞散發著荷葉清香的荷葉燈了。除了荷葉燈還有蒿子燈，人們用長蒿子綁縛著數百根香，點燃後也叫「星星燈」。此外也有鏤刻瓜皮、掏空蓮蓬做成的燈，涼碧瑩然。文人雅士之流，還在上面雕刻了花木魚鳥詩句，情趣盎然。

如果不願動手做這些燈，花幾個銅板也能買到。京城的街市上就有賣荷花燈和蒿子燈的，也有葫蘆燈、西瓜燈、茄子燈。

荷花燈和蒿子燈取材天然，做法簡單，造型又十分別緻，是舊時一些地區在中元節的必備之物。

還有各色彩紙所做的法船和蓮花燈，蓮花燈有蓮花、蓮葉、花籃等形狀，十分精巧漂亮。

　　黃昏之後，京城裡的小孩子每人舉著一盞青光熒熒的長柄荷花燈，成群結隊地滿胡同跑著，齊聲唱著歌謠：「荷葉兒燈，荷葉兒燈，今兒個點了明兒個扔。」當各種祭祀儀式、超度法事結束後，夜色漸漸沉了下來，只有唱目連戲的戲檯子上還響著鑼鼓嘈雜聲。

　　大多數人已經進入夢鄉，在夢中與那些難以割捨又陰陽相隔的親人執手而坐，相視而笑。各家的門口兩側豎立著青枝翠葉的蒿子燈，上面掛滿了香，空氣中沁著一股流動的沉香味道。那些漂浮在河面上的水燈、紙船在夜色中星星點點，如同星光和螢火，承載著生者的善意與祝願，指引著那些流離失所的魂靈去往極樂世界。這種幽暗裡流轉著剔透、玲瓏中閃爍著神秘的夜色，讓人莫名地感到哀傷，而又深深沉醉其中。

　　中元之夜過去了，人們再一次醒來。太陽仍然明和可愛，碧落依舊澄清高遠。水荇青荷依依搖擺，昨夜的燈燭卻已不知漂到何方。生活還要繼續，但似乎又有所不同。節日中的儀式年年如此，人們的心中卻多了一些沉甸甸的東西，也許那就是傳承，一代一代，亙古至今。

　　從古老的秋嘗祭祖，到道教的地官誕辰、佛教的盂蘭盆會，

中元節圍繞著靈魂不死、孝道與普度眾生的主題，完美融合了儒釋道三家的思想。中元節描畫著中國人在宗法倫理文化社會中所形成的對父母的敬愛與追懷，對祖先的感恩以及對孤苦無依者的慈悲。

「孝」與「道」是中國人從祖先那裡傳承下來的珍貴遺產，《易經》中蘊含著「天地之道」，老子說「道」之玄妙是難以言表的，諸子百家都在闡釋「道」， 儒家認為「夫孝，天之經也、地之義也、民之行也」，而佛家的基本精神之一也是上慈下孝。但無論怎麼講，都不能脫離「孝」。孝是根本，先對父母有愛，才能對他人有慈悲之心。從這一點看，孝其實就是道。

從對祖先的敬奉到公祭無祀之鬼，以至上升到佛家普度眾生的忘我境界，都表達了中國人的悲憫情懷。孟子說：「人皆有不忍人之心。」看到一個小孩子快要掉到井裡，人們都會生出驚恐憐憫之心，不是為了和孩子的父母攀交情，也不是借此在鄉里朋友中博取名聲，更不是因為討厭孩子的哭聲才如此的。這種驚恐憐憫之心，就是人性中的光明，是慈悲的源泉。這種慈悲之心不僅存在於生的此岸，也綿延於死的彼岸，抒發了人與鬼的一份未了之情。

中秋節

水調歌頭　　宋・蘇軾

明月幾時有？把酒問青天。不知天上宮闕，今夕是何年。我欲乘風歸去，又恐瓊樓玉宇，高處不勝寒。起舞弄清影，何似在人間。

轉朱閣，低綺戶，照無眠。不應有恨，何事長向別時圓？人有悲歡離合，月有陰晴圓缺，此事古難全。但願人長久，千里共嬋娟。

農曆八月十五中秋節，在中國人的心中，是一個關於月亮的節日。春夏秋冬，四時成歲，每一季分孟、仲、季三月。在禾穀豐熟的中秋，碧空如洗，皓月如盤，金色的莊稼讓人們的面容都透著一層隱隱的喜悅。遠古的先民把趕走黑暗、將柔和的銀光灑向世間的月亮看作天神，虔誠地對它頂禮膜拜。在觀察天象的時候，又發現中秋時候的月亮比往常碩大明亮，於是心生敬畏和仰慕。

從對自然與天體的崇拜，到對秋日豐收的慶賀，逐漸形成了秋分時祭祀月神和土地神的活動。《禮記》中記載：「天子

春朝日，秋夕月。朝日以朝，夕月以夕。」夕就是祭拜之意，古代帝王的禮制中有春秋二祭：春祭日，秋祭月。在遙遠的歷史長河深處，迎寒祭月慶典正在進行著：香案上供奉著餅果，空氣中流淌著幽幽雅樂，周天子一身白衣，騎白馬而行，迎寒氣之陰，於月下虔誠祭祀陰月娘娘和土地之神，以感恩神祇帶給人間百姓豐收與平安。

這也是一個充滿人情味的節日。從拜月、賞月的活動，到餐桌上豐美的果品、甜香的月餅，都洋溢著家的氣息。八月十五的滿月皎潔柔美，宛如天上仙娥的容顏，輝映著凡間渴望團圓的人們。

從嫦娥奔月到女子拜月

八月的秋天，天空突然變高了，藍和白的色彩晃得人們的眼睛也柔和起來。北方黃燦燦的琉璃鴛鴦瓦，朱紅的大門，墨綠色的樹木。南方黑白底色的房屋，顏色燦爛的野花兒，澄碧水中的帆船倒影，都各自描繪著不同風味的秋天。而秋色中的人們，也優雅地融入其中，構成了一幅意韻深長的山水畫。但這秋色要發揮到淋漓盡致之態，須得等到月亮出來的夜晚。中

秋沒有月亮，是最為遺憾的事情了。

　　對於月亮裡面到底有什麼，人們莫衷一是。傳說月亮裡有月精蟾蜍，有嫦娥和玉兔，還有學仙受懲的吳剛和那棵桂花樹。當然，最廣為人知的故事非「嫦娥奔月」莫數。

　　據古籍記載：「昔嫦娥以西王母不死之藥服之，遂奔月為月精。」漢代《淮南子》中則說后羿的妻子姮娥（嫦娥）偷吃靈藥，變為蟾蜍。民間所流傳的故事版本則在此基礎上更為豐滿，充滿想像力。

　　傳說在遠古時代，天上出現了十個太陽，人間頓時酷熱難耐，大地乾裂，莊稼枯萎。有一位名叫后羿的神射手，他為了拯救黎民，登崑崙山射日，射下了多餘的九個太陽，立下蓋世功勞，因此受到百姓的尊敬和愛戴，娶了人間最美的女子嫦娥為妻，還得到了西王母的長生靈藥。

　　前面的故事大多如是，後半部分的故事卻有所不同：一說嫦娥為了不讓后羿的惡徒逢蒙搶走靈藥，不得已吃了靈藥而飛上月宮。二說后羿當了首領後，不思進取，貪迷酒色，成為暴君，嫦娥不堪忍受，於是偷吃靈藥成仙。英雄成了暴君，這倒也很可能，《楚辭‧天問》裡的后羿，便是垂涎河伯之妻洛神

的登徒浪子。也有人說嫦娥是個愛慕虛榮的女子，她背叛丈夫，偷吃靈藥而入廣寒宮，受到懲罰而變成蟾蜍。

后羿和嫦娥，本來是人人羨慕的英雄美人、神仙眷侶，他們的結局卻並不美好，一個是失敗的英雄或者墮落的君王，另一個雖然成了仙，卻在月宮裡孤苦無依，淒然哀怨。芸芸眾生，誰不希望長生不老呢？嫦娥是長生了，卻要為她那不老的絕世姿容付出寂寞難耐的代價──「嫦娥應悔偷靈藥，碧海青天夜夜心」。

隨著時間的流逝，「嫦娥奔月」的傳說成了中秋節人們茶餘飯後的趣聞談資，但月亮的故事一直在繼續。傳說漢武帝曾建「俯月台」，下面挖有「影娥池」。每逢月圓之時，妃嬪宮娥登台眺月，此情此景美若仙境。

魏晉時期出現了賞月之風，但只是「玩賞」，而且並不僅限於中秋當天。唐代時賞月玩月之風漸盛，詩人們對月吟哦，留下許多玲瓏絕美的詩句。此外，唐傳奇對八月十五的神話逸事也多有記載。民間流傳武夷山神的故事：山神武夷君某日對村民們說：「你們八月十五到山頂來聚會。」八月十五夜，眾人聽從武夷君的話，都登山相聚。只見山頂彩屋幔亭，裝飾華

麗，寶座上鋪著紅雲紫霞褥，擺放的器具奇巧珍貴。

村人們分男女坐下，聽到空中有說話的聲音，卻不見行蹤。能看見樂器，聽到美妙樂聲，卻不見演奏之人。人們盡享美酒佳餚，一直到諸仙都散了之後，方歡喜而歸。

五代王仁裕《開元天寶遺事》記載，唐明皇與楊貴妃八月十五夜臨太液池，在百尺高台上賞月飲酒，衣衫翩翩如神仙。也有史料中說唐明皇還曾中秋遊覽月宮，看到嫦娥等仙女於桂花樹下歌舞，樂音清麗婉轉，後來唐明皇根據記憶作出《霓裳羽衣曲》。

宋朝時，八月十五融合了秋分祭月和十五賞月的風習，中秋夜賞月已成社會風尚。正值玉露生涼、丹桂飄香之時，開封的王孫官宦、朱門富戶之家，都會在園林中臨水的樓台處設宴，父母子女親友團聚而坐，賞月酌酒，看戲聽曲到深夜，遙遙的月色中，很遠的地方都能聽到隱隱的絲竹之聲，宛若天籟。那些文人雅士以及平常的市民百姓家，會提前去酒樓預約座位，好以最佳的位置觀賞十五之月。

夜市上燈火通明，賞月的遊人興味正濃。街巷裡的孩子們嬉玩，一直熱鬧到五更時分。宋時已有拜月之風，且男女都拜

月。據史料記載：杭州城裡的人們，無論男女貧富，從剛能走路的孩童到十二三歲的少年，都要穿上成人的服飾，在高處樓台或者庭院中焚香拜月。

追求功名的男人默禱「早步蟾宮，高攀仙桂」，意即金榜題名，科舉成功。而女人拜月所祈的，往往是容貌。相傳齊國女子無鹽相貌醜陋，幼時常常拜月祈禱，長大後以超群才德被選入宮，但未被寵幸。某年八月十五賞月，齊王在月光下見到虔誠拜月的無鹽，覺得她光華出眾，於是立她為王后。故後世少女拜月則祈求紅顏美麗，願「貌似嫦娥，面如皓月」。

到了明清時候，民間有了具體祭拜的月神，也出現了「男

與太陽相對，月亮具有的是女性般的陰柔特徵，以至到了後來，
拜月成了小兒女們的特有習俗，男人不再參與其中。

不拜月，女不祭灶」之說。男人們不再拜月，月神的陰柔力量被放大，逐漸成為小兒女所祭拜的神明。富貴人家拜月賞月的場面，如《紅樓夢》中寫到的榮國府中秋夜宴。那夜榮國府月明燈綵，人氣香煙，晶艷氤氳。拜月之後，眾人聚在一起行桂花令，在賈母的帶領下，女眷們於凸碧堂月下聽曲聞笛、吃酒說笑話。

民間的拜月則更具煙火氣息，八月十五當天，北京的市場上會售賣一種「月光紙」，也叫「月光馬兒」，製作得金碧繽紛，精緻漂亮。紙上畫著端坐在蓮花座上的月光菩薩，披著月光，光芒高潔。月光菩薩旁邊有玉兔雙腿站立，拿著玉杵在臼中搗藥。也有別的圖案，什麼玉帝啦，關公啦，土地爺啦，玉兔啦，多種多樣，大的七八尺，小的二三尺，頂端插著紅綠色或者黃色的小旗子。

等到圓月東昇、彩雲初散的時候，女人們便在月光菩薩神位前，或者在庭院中對著月亮擺開香案：月餅是一定要有，此外還有雕刻成蓮花瓣形狀的西瓜，以及其他食物。月下紅燭高燃，家中的女人在祖母的帶領下依次拜祭，把月光紙焚燒掉。然後由當家主婦切開團圓月餅，全家人一同分食，其樂融融。

　　明清時候的南方，中秋夜拜月的對象便是傳說中的嫦娥，有請月姑、拜月婆、宴嫦娥、齋月宮等不同說法。揚州有中秋節「供養太陰」之俗，市面流行賣一種彩繪著清幽雅致的廣寒宮的月宮紙，揚州人所做的月餅也很精緻，上面雕印著身穿素服的窈窕女子，叫作月宮人。

　　大戶人家在中秋節自製印著蟾兔圖案的大月餅，百姓人家則買了普通的月餅在桌案上供月，另外陳列瓜果美食如菱、藕、栗、柿、柚子、芋頭、香蕉、糖茶、米果等。瓶花清新，銀燭高燃，香煙繚繞，小兒女在月下祭拜，把心裡的願望悄悄說給月神聽。夜色漸沉，坐在樹下的祖母為孩子蓋上了薄毯。在朦朧的月色下，另一個神秘的世界復活起來：樹木婆娑搖曳地舞著枝丫，花草含羞，如同少女隱隱歡笑。藏在牆洞和瓜架下的小蟲子斗架似的叫個不休。園子裡高牆下的陰影顯得異常的孤寂與荒昧，好像蒲松齡筆下的美女妖精們經常出沒的場景。

　　幾縷未曾燃盡的香煙升向空中，向著月亮的方向飄去，平凡的院子裡多了團團仙氣。傳說中的眾神，彷彿正踩著七彩祥雲歡笑而來，好享受世人奉於他們的鮮美供品，並帶給人間豐收與平安。

　　日為陽，月為陰。從「嫦娥奔月」的傳說裡，隱隱浮出一些中國文化的碎片，我們也許可以猜到古人的一些心思。太陽崇拜自古便有，但后羿卻要射掉多餘的九個太陽，這是古人由對炎熱的恐懼而產生的聯想。

　　秋天的天氣逐漸涼爽，而秋天的月亮也是最大最圓最美的，人們在舒爽怡人的清風之下，感受著那微涼的月之光芒，不禁心生崇拜，而對太陰的崇拜和祭祀又衍生了後世「嫦娥奔月」的傳說。人們認為，月神一定是個女子，因為月的柔和正符合了女性恬淡嫻靜的氣質。女子們對月而拜，是拜月神，也是對自身地位和尊嚴的一種強調。

中秋說吃

　　中國人向來喜歡團圓的格調與結局，有很強的家族倫理觀念，重視親族與血緣。節日在本身的意義之外，也是一個讓家人朋友團聚的理由。中國又是最善於烹飪美食的國度，所謂「食不厭精，膾不厭細」。中秋佳節，中國人所準備的食物又頗為不同。第一個要說的，自然是月餅。簡單來說，月餅是酥皮包餡烤制的點心，但月餅所濃縮和承載的涵意，卻是漫長中國歷

史中的文化、美食和團圓的願望。

中國人吃餅的歷史很久遠，早在殷周時期，就有了一種中間厚、周邊薄的餅食。漢代張騫出使西域，帶回了芝麻核桃，民間便出現了以核桃仁為餡料的圓形「胡餅」。據《洛中見聞》記載，唐僖宗曾於中秋節命膳房用紅綾包餅，以賞賜給新科進士。宋代宮廷流行吃「宮餅」，而開封的市場酒肆上出現了賣「玩月羹」的商販。

蘇軾在某次宴會上作詩云：「小餅如嚼月，中有酥和飴。」《武林舊事》「蒸作從食」一欄下列有荷葉餅、芙蓉餅、羊肉饅頭、菜餅、月餅等項。《夢粱錄》中也有提到「蒸作面行」的點心，譬如什麼金銀炙焦牡丹餅、棗箍荷葉餅、梅花餅、菊花餅等。但這裡所提到的月餅還只是一種圓月形的糕餅，糕餅店平時也賣，並不是中秋獨有的食物。

元末時，民間流行著這樣的傳說：元朝統治黑暗殘暴，「韃子」欺壓百姓，激起了人們的憎恨和反抗之心。元朝統治者為防人民造反，不准民間私藏鐵器，下令每十戶人家合用一把菜刀。張士誠起義時，命人在月餅裡夾著起義時間的紙條，寫著「八月十五殺韃子」，並把月餅送到各家各戶，約齊共同起事。

後世人們中秋吃月餅以紀念此次起義。

　　明代，《客座贅語》中記載，南京有一位道人，道號鐵冠。他道術高明，能預知未來。八月十五這天，明太祖朱元璋召見鐵冠道人問道：「今天我會發生什麼事情啊？」道人回答說：「太子今天會為您獻餅食。」朱元璋狐疑不信，就命人把鐵冠道人鎖在一個密室內，以檢驗預言是否靈驗。不一會兒，太子果然為朱元璋獻上餅食。朱元璋見預言成真，很是驚奇，便下令把此餅賜給道人。等到打開密室門一看，鐵冠道人早已不見蹤影。此後每逢中秋，皇帝和妃嬪便會一起賞秋海棠、玉簪花，太子則向皇帝進奉月餅。

　　在民間，士庶之家都將月餅視為團圓的象徵，作為節日禮物互贈親朋。明代北京市場上賣的月餅，以果肉為餡，形狀各異。那些技術精湛的餅師，還能把嫦娥奔月、玉兔搗藥、吳剛伐桂等神話故事印在月餅上，精美絕倫，如同藝術品一般，令人不忍偷吃。

　　清代，月餅有廣式、京式、蘇式等多種地域風味，其中以廣式月餅最為著名。月餅有酥皮、硬皮之分，酥皮月餅油酥軟脆，顏色有紅黃白赭等色。硬皮月餅則大多是深赭色，葷餡有

鹹肉、梅肉、甜肉、金腿、燒雞、叉燒、肉鬆等，素餡有五仁、蓮蓉、豆沙、冬蓉、棗泥、芝麻、玫瑰、冰糖、白果等，看起來金黃油潤，聞起來清甜誘人，吃起來香醇可口。

乾隆時代的才子袁枚在《隨園食單》中記載了兩種月餅的做法。一種叫「劉方伯月餅」，是用山東飛麵做酥為皮，餡料是松仁、核桃仁、瓜子仁細末，少加一點冰糖和豬油，吃起來不會覺得太甜，口感卻香松柔膩，和一般月餅不同。

還有一種叫「花邊月餅」，口感之妙不在劉方伯月餅之下，是明府家的女廚子專門製作的。袁枚為了尋得這種月餅的製作方法，特意命人用轎子去接了明府的女廚子來隨園製作，「用飛麵拌生豬油子團百搦，才用棗肉嵌入為餡，裁如碗大，以手搦其四邊菱花樣。用火盆兩個，上下覆而炙之。棗不去皮，取其鮮也。油不先熬，取其生也。含之上口而化，甘而不膩，鬆而不滯」。

清末時，北京還出現了品牌月餅，「致美齋」的月餅號稱京都第一，月餅上繪有月宮、蟾蜍、玉兔等圖案。月餅流傳至今，種類越發繁多，包裝越發精美，口味也千變萬化。但也有不曾改變的：比如月餅所代表的團圓之意，比如親人之間那份

思慕之情，比如夜空中那個亙古清明的月亮。

中秋正值萬物成熟，各種甘美飽滿的水果擺上了人們的餐桌，也出現在月神的供桌上。但此佳節，月神可以與凡人共用口福了。

　　農曆八月是萬物成熟的季節，這時的果品最為豐美。北京的街頭總有艷麗誘人的水果攤子：《帝京歲時紀勝》中說，那種紫色的大葡萄叫作瑪瑙，長而白潤的是馬乳，大小相同的叫作公領孫，還有硃砂紅、烏玉珠等，大都甘美多汁。西山的柿子，有碗那麼大，比蜂蜜還要甜。還有帶枝的毛豆、紅臉的蘋果、淡黃色的京白梨，沙果、海棠、鮮棗、晚桃、果藕、西瓜等。

　　這邊擔著紅棗和葡萄的小販剛剛吆喝而過，那邊糖炒栗子的醇香已然撲鼻。月亮出來，照亮了小巷人家的院子，紅黃交雜的雞冠花、紫地白邊的喇叭花、嬌紅帶粉的指甲草、黃如金盞的野菊花和白粉清雅的草茉莉，在月色中楚楚動人。聚眾嬉

玩的小孩子都唱著歌奔回了各自的家，饞嘴的孩子要伸手拿月餅吃，媽媽打了小饞貓的手說：「還沒供月呢。」

供月之後，便是中秋聚餐。人們的宴會桌席上，除了月餅之外，還有鹵餡芽韭燒賣、南爐鴨、燒小豬、掛爐肉、配食糟發麵團和桂花酒。

說到桂花酒，人們總能憶起甜美的桂花香味。農曆八月正是桂花盛開的時節，空氣中瀰漫的桂花香氣讓人們的心裡甜得飄飄然。《紅樓夢》寫到史湘雲在「藕香榭」大擺中秋螃蟹宴，小姐們用桂花蕊熏的綠豆面子洗手，坐在桂花蔭下，持蟹賞花，以「菊」和「蟹」為題賽詩行酒令。曹公雖然沒特意寫，但想來行酒令時所喝的，很可能是桂花酒。

八月的桂花採摘之後，在陽光中晾曬三五天，曬乾的桂花所泡製的酒，便是桂花酒了。除了桂花酒，還有桂花油、糖桂花和桂花鴨等等製品。「桂花鴨」是金陵的名菜，入口後肥而不膩，鮮嫩微甜。還有桂漿，俗稱糖桂花，是江南女子採摘桂花後，用糖及酸梅醃製而成。

吃了桂花鴨，品完桂花酒，再來一份飯後甜點糖芋頭，澆以桂漿，其滋味之美妙，便是只可意會不可言傳了。相比城市

的豐富，鄉村的中秋也別有趣味。山西有下長麵的風俗，江南人家吃老南瓜燒糯米飯，廣東人則吃肉質鮮美的炒田螺。

在月色、果香和花香中，分隔兩地的人們念著「海上生明月，天涯共此時」，心裡遙思著那些遠方的親人、愛人和友人，想著什麼時候能一起吃一頓中秋的團圓飯，那該多好。

供兔兒爺

劉向《五經通義》講：「月中有兔與蟾蜍」。漢樂府《董逃行》說，相傳月亮裡面有一隻潔白的玉兔，拿著玉杵在臼中搗藥，若吃了這種藥丸，便可以長生成仙。總之，玉兔是個得道之兔，善良之兔，不是《西遊記》中那個魅惑唐僧的妖兔，而是喜好煉丹搗藥，這倒也符合道家仙兔的身份。

明清時代，這只會搗藥的兔子頗受人們青睞，被做成泥偶，並加以手工彩繪，北京人親暱地稱這種彩兔為「兔兒爺」，買回家去，孩子也學著母親拜月的樣子拜祭兔兒爺，拜完了，兔兒爺又成了孩子們愛不釋手的玩具。

明清時代的北京，天街月下的市場上，燈火通明，遊人絡繹不絕。有賣各色秋果的，賣豬肉的，賣青菜山珍的，賣燒酒

包子的，賣烤羊肉的，賣熱燒刀的，但被人光顧最多、也最受孩子們歡迎的，便是賣兔兒爺的攤子。

《花王閣剩稿》中說：「中秋節多用泥塑兔形，衣冠踞坐如人狀，兒女祀而拜之。」兔兒爺用黃沙土做成，以五彩顏色裝飾，大的有三尺多高，小的只有三寸，均是粉白面孔，環形大眼，三角眉。有的是官員模樣，手擎傘蓋，衣冠楚楚。有的是武士模樣，頭戴盔甲，身披戰袍，手持大旗。有的騎著黑虎、麒麟、獅子、白象等猛獸，有的騎著孔雀、鳳凰、仙鶴等飛禽。

發展到後來，不僅有兔兒爺，還有配對的兔兒奶奶，金鎧綠甲，綠袍紅袍，粉面紅唇，威風十足。有一種肘關節和下頜能

「兔兒爺」的原型是玉兔，卻被做成了人模人樣的吉祥物，穿著花花綠綠的衣服，擺著各種姿態，很受小孩子歡迎。

活動的兔兒爺，俗稱「叭噠嘴」，讓圍觀的孩子們興奮雀躍不已，死纏爛打地纏著大人，一定要抱一尊回家才肯罷休。

老捨先生在小說《四世同堂》中寫到了兔兒爺，十分生動有趣：「臉蛋上沒有胭脂，而只在小三瓣嘴上畫了一條細線，紅的，上了油。兩個細長白耳朵上淡淡地描著點淺紅。這樣，小兔的臉上就帶出一種英俊的樣子，倒好像是兔兒中的黃天霸似的。牠的上身穿著朱紅的袍，從腰以下是翠綠的葉與粉紅的花，每一個葉折與花瓣都精心地染上鮮明而勻調的彩色，使綠葉紅花都閃閃欲動。」

在兔兒爺如此受歡迎的中秋，街市上的商販走卒如剃頭師父、縫鞋的、賣餛飩茶湯的，也會扮成兔首人身的樣子，想沾沾兔兒爺的光，以保佑生意興隆。如同西方聖誕節中的聖誕老人，兔兒爺在過去的老北京，亦是一種充滿節日氣氛、帶來無限歡樂的吉祥物。

偷瓜祈子

道家認為，月屬陰性，主生育。中秋時節，人們在萬物成熟之際，聯想到了自身的繁衍。民間傳說，女子若在中秋之夜

以月光沐浴，便會很快受孕。宋代時，女子間就流行夜遊玩月，明清時候亦盛行。「走月」是民間女子的解禁日，在結伴閒遊的背後隱含著祈求生子的意義。

中秋月夜，杭州西湖的蘇堤之上燈火通明，女人們盛裝打扮，鬢絲上別著金黃色的桂花，羅袖飄飄，繡裙搖曳。三三兩兩的小姐妹唱歌而行，熱鬧如白晝。《東京夢華錄》記載，女人們回娘家時，外公、姨舅把新下來的葫蘆和棗兒送給出嫁的女兒，俗稱「宜良外甥」，祝福她們早生貴子。

當然，秉燭夜遊的不只是女人，張岱在《虎丘中秋夜》中說：「虎丘八月半，土著流寓、士夫眷屬、女樂聲伎、曲中名妓戲婆、民間少婦好女、崽子孌童，及遊冶惡少、清客幫閒、傒童走空之輩，無不鱗集。」

另外，南方還流行「摸秋」的中秋祈子風俗。在中秋之夜，幾個黑影出現在瓜田之下，這些人是「偷瓜賊」，有的是夫婦兩個一起去偷，有的是幫別人偷，偷到的冬瓜或南瓜被描畫成可愛的嬰兒的模樣，吹吹打打地送到婚後數年無子嗣的人家。被偷了瓜菜的人家也會大聲叫罵，而小偷們卻毫不臉紅，被罵得越慘還越開心。因老輩人講，人家罵得凶，生下來的孩子便

會長得特別好。

金陵地方的女子會結伴去茉莉園，黑暗中誰摸到瓜豆，誰就會生男孩。這些偷瓜菜的人當然並非真的為了偷，丟瓜菜的人也並非是真的咒罵，而是依照祈子的風俗故意這麼做，取綿綿瓜瓞、子孫昌盛之意。

斗香寶塔

江南地方有中秋「燒斗香」的習俗。江浙一帶，香店會挑選細的線香編織成斗狀，上面插著紙紮的魁星和彩色旌旗，中間盛上香屑。無錫的斗香比較特別，四周糊有紗絹，紗絹上繪有月宮中的景色。上海、杭州的斗香是用紙糊成的，也是斗狀，中間立著炷香，高的有兩尺左右。人們在中秋夜拜月時焚斗香於月下，稱為「燒斗香」。

明清時，鄉間還有中秋燃寶塔燈的習俗。在古城湘潭，夜幕降臨的時候，月光柔和得如同嫦娥的粉面，照得四下一片銀白。小孩子們聚集在河邊，用瓦礫、斷磚搭疊起一座座小寶塔，也叫浮屠寶塔。寶塔中空，供著地藏菩薩，然後塞入柴草。

有的時候爸爸媽媽和爺爺奶奶也加入，幫著孩子們在寶塔

前面支起供桌，擺上香燭、月餅、甜藕、菱角等。等到牽頭的人喊起「點火啦」，所有寶塔的柴草同時點燃。孩子們之間還有競賽，誰把寶塔燒得紅透且維持的時間長誰就是贏家。

小夥伴們圍著寶塔，拍手唱道：「八月十五游寶塔，帶起香燭敬菩薩。老人家青頭髮，後生子有財發，堂客們生個胖娃娃，滿妹子對個好人家。」巧手的媽媽還為孩子做了柚皮燈，柚子皮上雕刻各種人物花草，中間安放一個琉璃盞，紅光四射。女孩子則拿著素馨茉莉燈，香氣四溢。夜色中一座座寶塔紅通通的，玲瓏如火樹，青藍色的火焰晃得孩子們的笑臉如夢似幻，令這曠野的中秋之夜多了幾分值得回憶的往事。

錢塘觀潮

浙江一帶有中秋觀潮和遊湖的習俗。觀潮，主要觀的是錢塘潮。中秋觀潮之俗漢代就有了，宋代尤為盛行。南宋的周密曾寫過《觀潮》一文，描述了錢塘江大潮壯麗雄偉的奇觀。因錢塘江口形似漏斗，潮水初來的時候，遠看著僅僅如一條銀色的絲線。等到漸近之時，聲音大如雷霆一般，海水重疊，形成一道水牆，彷彿千軍萬馬奔騰而來，整個天地都像要被潮水吞

沒一般，令人歎為觀止。

　　觀潮的人極多，因此景點周圍的商品價格也水漲船高，變得極貴。此外，杭州人還有中秋遊湖之俗，田汝成《西湖遊覽志餘》云：「是夕，人家有賞月之宴，或攜柏湖船，沿游徹曉。蘇堤之上，聯袂踏歌，無異白日。」在水邊觀月賞月，在花香酒醇中歌唱，這般雅致自在，除了溫婉秀麗的江南，哪裡還有呢？

明月千里寄相思

　　「月亮走我也走，我送阿哥到村口……天上雲追月，地下風吹柳，月亮月亮歇歇腳，我倆話兒沒說夠。」這是在二十世紀八零年代流行的一首歌曲，講的是年輕的姑娘送戀人去當兵，兩個人在月亮下眷戀癡纏。在古代，民間女子中秋夜遊的時候，亦有與中意的男子私訂終身的。苗族的青年男女則選擇在山野幽靜之處約會，選擇中意的情人月下共舞，稱為「跳月」。

　　月亮是中國人表達情感的最佳借喻物，相較於現代民間的大膽和直接，中國古代關於月亮的詩歌，更多閃爍著柔情似水的婉轉與浪漫。有慨歎世事變幻的「人生代代無窮已，江月年

年只相似」，也有思念友人的「今夜月明人盡望，不知秋思在
誰家」。那些身在異鄉的遊子、客旅，則吟詠著「露從今夜白，
月是故鄉明」，期待與家人早日團聚。秦淮河畔，金陵的士子
聚集橋頭，笙簫彈唱，追憶昔年美人，對月吟詩作賦。更有千
里相思的戀愛男女，望著月亮寄託綿綿情意，「但願人長久，
千里共嬋娟」。

在宋代，中秋觀潮的活動十分盛行。圖為南宋
李嵩的《月夜看潮圖》，畫的正是中秋之夜杭
州一帶觀看錢塘潮的情形。

　　皓月當空，見證了無數的美好記憶和幽古情思。如果缺少
了月光和月色，中國的詩意文化不知要減色多少。「舉杯邀明
月，對影成三人」，在花香馥郁的月下，若再斟上幾杯酒，離
愁別緒就更難消解，難免讓人想起那些或失去或遺憾的情愫。

　　每個人的腦海中都會浮現出一個身影，他（她）現在過得
怎麼樣？在這良宵佳節，是否也會想起我呢？「今夜鄜州月，

閨中只獨看。遙憐小兒女，未解憶長安。香霧雲鬟濕，清輝玉臂寒。何時倚虛幌，雙照淚痕乾。」杜甫因思念妻子而作的詩，卻巧妙地轉述成妻子在閨中思念自己的情境，這樣的情感在中秋表達出來，尤為別緻。古往今來的癡男怨女，常有這樣的共同願望：若能得一知己，花前月下相攜相伴，滄海桑田不離不棄，佳節同賞中秋之月，人生又夫復何求呢？

「此夜若無月，一年虛過秋。」中秋節這天晚上一定要有月亮才行，如果發生了「彩雲遮月」甚至「秋雨綿綿」的意外，人們就好像丟了魂一樣，做什麼都不對勁了，這個秋天恍如虛度了一般。等月亮好好地出來了，人們的心裡才安定下來。

拜了月神，吃完月餅，賞過月色，再抬眼望望天上的月亮，卻還意猶未盡。忽地想起月亮裡除了嫦娥、玉兔和桂花樹，還有一個陽剛男子。李白詩云：「欲斫月中桂，持為寒者薪」，這說的就是吳剛了。

《淮南子》僅記載「月中有桂樹」，唐代《酉陽雜俎》裡的傳說則完整了許多：相傳漢朝有一個人叫作吳剛，他曾跟隨仙人修道，但因犯錯被貶謫到月宮，每日砍伐那裡的一棵桂花樹。可是每次砍下去之後，被砍的地方又立即合攏了，就這樣

隨砍隨合，過去了千年。這樣的懲罰方式西方也有，古希臘神話中，有一個國王叫薛西弗斯，死後被諸神判以永罰之罪，叫他不停地把一塊巨石推到山頂上去。而一到山頂，由於它本身的重量，就又滾了下來。如此這般，永不停息。拚命做一件無所成就的事，貌似是一個悲劇。

吳剛和薛西弗斯的徒勞之罰具有象徵意義：人們也許會取得暫時的「成功」，但歸根結底卻終要失敗，且一代代循環往復，沒有誰能成為永恆的勝者，就連偉大的智者和不可一世的君王，也不得不屈服於死神和命運的主宰。

加繆把這個充滿荒唐色彩的風神之子，描述成了舉起巨石藐視眾神、把無盡的苦難視為一種幸福永恆延續的大智者。也許，正是因為人世間有數不清的苦難，幸福才顯得那麼珍貴和聖潔。

薛西弗斯完全可以在推石頭的過程中享受，而不是受難——在山頂觀日出日落，在峽谷中採摘珍奇的花朵，在行進的路上和摘松果的松鼠打招呼。而吳剛也完全可以在砍桂花樹的同時，享受桂花的芬芳，偷看嫦娥的美貌，和搗藥的玉兔套套交情……反正，人生就是要自己尋找快樂的。

重陽節

九日閒居・並序　　晉・陶淵明

余閒居，愛重九之名。秋菊盈園，而持醪靡由，空服九華，寄懷於言。

世短意常多，斯人樂久生。

日月依辰至，舉俗愛其名。

露淒暄風息，氣澈天象明。

往燕無遺影，來雁有餘聲。

酒能祛百慮，菊解制頹齡。

如何蓬廬士，空視時運傾！

塵爵恥虛罍，寒華徒自榮。

斂襟獨閒謠，緬焉起深情。

棲遲固多娛，淹留豈無成。

農曆九月初九為重陽節。說起重陽節，先要瞭解中國人的數字信仰。《易經》中說：「以陽爻為九。」古人把「六」定為陰數，把「九」定為陽數，九月初九，日月並陽，兩九相重，故而叫重陽，也叫重九。

　　「九」在中國文化中是豐富、完滿和天道循環的象徵，這不僅有「九九歸一」、「九九回春」、「九九艷陽天」等民諺俗語可證，也有大量的古典作品為例，如屈原有《楚辭》名篇命名為《九歌》和《九章》。

　　在《紅樓夢》中，「九」是隱含的敘事單元，作者以「九」遞進，每九回構成一個敘事轉折，共一百零八回。而《水滸傳》中的一百單八將也是此理。有人曾說過：「明顯的事物最難以理解。」數字崇拜即屬於此例，它們既是明顯的，也是神秘的，既是無意識的，也是審美的，並由此展現了中國人深層和隱秘的民俗心理景觀。

登高暢秋志

　　據說重陽節始於東漢時期。南朝梁吳均《續齊諧記》記載，東漢時，有一個人叫桓景，跟著方術之士費長房遊學多年。某日，費長房告訴他說：「九月初九那天，你家會有災禍，你現在趕快回去，讓家人做紅色的香囊，裡面裝茱萸繫在手臂上，再登上高處，飲用菊花酒，就能消除這個災厄。」

　　桓景聽後，趕忙帶著家人登上山頂躲災。等到晚上回家後，

發現家中的雞狗牛羊全都暴病死了。費長房說，這是代替家裡的主人受難啊。

這個傳說大概是源自於古時某次真實發生的瘟疫，借助仙道說法，以高處更易於獲得神祐，讓人們對災難減少一些恐懼。對於古人來說，瘟疫來臨之時，躲避在空氣清新、視野開闊的山上或者高台上，不失為一種可行的辦法。

三國時魏文帝曹丕《九日與鍾繇書》中說：「歲往月來，忽復九月九日。九為陽數，而日月並應，俗嘉其名，以為宜於長久，故以享宴高會。」西晉周處《風土記》中說，九月初九以茱萸插頭，能消除惡氣，抵禦初寒。

《搜神記》中有一則怪異故事：吳中有一個滿頭白髮的書生，自稱胡博士，在學館裡教學生讀書。有一天，胡博士突然消失了。有人在九月初九這天登山郊遊的時候，聽見胡博士講書的聲音，便命僕人前去尋找，在一座空的墳墓中發現一群狐狸排列在那裡，看見有人就跑掉了。而一隻老狐狸卻留下沒有走，正是那白髮書生胡博士。

六朝以來，重陽登高之俗盛行，隋唐時則更多為了遊玩野宴，辟邪消災一說漸漸淡了。宋人孟元老《東京夢華錄》中說，

開封重陽節，都城裡的人多去郊外登高，宴飲聚會。明清時，登高已不限於登山，人們為圖方便，多是去登寺院的佛塔或者園林中的亭台樓閣。

王維的《九月九日憶山東兄弟》借重陽節的習俗抒發了自己的懷鄉之情。「遙知兄弟登高處，遍插茱萸少一人」，也就是說重陽節這一天人們有出遊登高、頭插茱萸的習俗。

重陽節，北方的天空是那種縹緲的藍，浮雲懶洋洋地變幻著形狀，秋陽明艷，照亮了漫山遍野的斑斕。在那斑斕之中，最美的莫過於滿山的紅葉。北京人傾城而出，呼朋喚友，帶著酒具、茶爐和食盒到香山登高。

女子們在溫泉中沐浴，觀賞紅葉風姿，飲菊花水祛病。士

人雅客賦詩飲酒，玩菊賞菊，烤肉分糕。還有一些市井閒人，聚在相熟朋友家的花園或直接去妓院玩樂。少年們則聚集在阜成門外的釣魚台賽馬。南京人登高則上雨花台，蘇州人登吳山。

　　明代申時行的《吳山行》曾描述登高盛況：重陽天氣晴好，人們傾城而出，去吳山登高賞景，眾人拍手唱著《太平曲》，頭上都插著茱萸花。皇帝王孫登高，是為遠望山河，祭祀豐收。文人騷客登高，是為抒懷明志，一抒胸臆。普通百姓登高，則為辟邪去災，以暢秋志。

九月食花糕

　　登高是一種詩意的遠足，吃糕則是一種世俗的歡樂。九月裡吃糕的習俗起源較早，漢朝時人們稱「糕」為「餌」，《西京雜記》中說漢高祖劉邦之妃戚夫人的侍婢賈佩蘭在宮廷變故之後逃出，嫁給扶風人段儒為妻，講起宮中往事，說九月初九這天「食蓬餌，飲菊花酒」。

　　近代學者經考證認為此段記錄不足為信，西漢並無重陽節，但把吃蓬餌作為晉代的習俗並無太大爭議。隋唐時人們在重陽節吃「麻葛糕」、「五色糕」，宋朝以後開始叫「重陽糕」。

　　宋人生活精緻鮮活，吃糕成為時人風尚。九月初九這天，南宋宮廷裡準備了皇帝要吃的點心，在五色米粉裡加入搗成細末的新鮮熟栗黃和麝香蜜糖，捏成小段的糕餅，做成獅子蠻王的形狀，再撒上韻果糖霜，插上彩旗，叫作「獅蠻栗糕」。

　　都城點心鋪子裡的夥計忙得熱火朝天，要做的糕餅有黃米麵做成的黃米糕，糕中大多加入棗、栗、肉等。麵糕則是在麥麵和糖後蒸成，上面撒著豬肉絲、羊肉絲或鴨肉絲，再插上小彩旗，這就是「重陽糕」了。

人們重陽吃糕，據說是取了「高」的諧音，為的是祈求百事俱高。

　　糕上塑著小鹿的叫作「食祿糕」，而棗子、栗子、獅子等，也是為了祈求子嗣的吉祥諧音。富貴人家的重陽糕為私家廚子特製，講究的要做成九層，像一座小寶塔。平民百姓之家則會去店鋪買或者自家簡單做一些。有些地方的人們還要在糕上捏

兩隻麵羊，以符合重陽之音。待到天快亮的時候，父母便叫醒熟睡的孩子，把重陽糕搭疊在兒女的額頭上，說：「願兒百事俱高。」

明清以後，重陽糕又被稱為「花糕」。蘇州女子擅做五色糕餅，清人宋祖謙《閩酒麴》曰：「驚聞佳節近重陽，纖手攜籃拾野香。玉杵搗成綠粉濕，明珠顆顆喚郎嘗。」杭州人把栗子粉和糯米一起蒸，上面鋪上肉絲，插著彩旗，贈送糕點給鄰里親戚家的小孩，名為「登糕」。

北京的花糕製作樣式很多：有的在油糖麵裡夾雜著杏仁核桃等細果品，有的是發面之後鋪層層果品再用蒸籠蒸熟，還有用江米和黃麵做成的黏麵花糕，星星點點地放一點兒棗栗。

有的貧困人家的小孩，這時會沿街叫賣「酸棗搗糕」、「火炙脆棗」、「線穿山楂」等零食。人們做完花糕，還要接嫁出去的女兒回娘家。母親用麵做成臉盆大小的糕餅，上面鋪上兩三層大棗，好接女兒回來享用。如果這天沒能把女兒接回來，母親就會生氣嘮叨，女兒也心生抱怨，小妹則會因為思念姐姐而哭泣。

歸家的女兒們則要幫著母親一起做醃菜和泡菜，要醃製的

菜很多，除了瓜茄、芹芥、蘿蔔、擘藍之外，還有結球白菜，是京城的極品，鮮美的味道不比富陽冬筍差。做好的瓜菜在溪水中洗乾淨，封存在壇甕之中，冬至的時候才開缸。

醉把茱萸仔細看

九月的秋風吹過，熟了莊稼，黃了秋葉，也吹紅了漫山的茱萸。蒼翠的葉子下，茱萸果如小小的燈籠一般，紅艷玲瓏。茱萸本是一種香料，也是一味中藥，聞著辛香，味道酸澀。

那些帶著露水、連著葉子被採摘下來的茱萸，有的插在了愛美女子的鬢邊，有的裝在少年男女的紅色錦囊中，還有的被泡在了酒中，成了茱萸酒。

古人認為，茱萸有祛瘟、益壽和驅鬼之用。漢代時，皇帝在九月初九賞賜茱萸給百官。有的人家在井邊種茱萸，因為常有茱萸的葉子落入，井水便能去瘟益壽。三國時人們已經開始用茱萸插頭。

插茱萸是一種古俗，人們重陽登高插茱萸宴飲大都是親朋聚會，也叫「茱萸會」。唐朝皇帝也在重陽節擺宴席、賜茱萸。唐人張諤《九日宴》詩：「歸來得問茱萸女，今日登高醉幾人？」

在登高宴會上喝醉的男人們都不知所以，最後還要問那些頭插
茱萸的女孩子，他們最後有多少人喝醉了。

民間用茱萸泡酒，加少許鹽後酌飲。也有人直接佐酒服食
茱萸果，據說可以預防時疫、強身健體。宋朝吳自牧《夢粱錄》
載：「今世人以菊花、茱萸浮於酒飲之。蓋茱萸名『辟邪翁』，
菊花為『延壽客』，故假此兩物服之，以消陽九之厄。」

茱萸可以規避不祥和邪氣，故名「辟邪翁」，這名字新奇
恰當。明清時，喝茱萸酒成了很普遍的事情，直到今日人們仍
有茱萸酒可買。重陽親朋歡聚，酒意酣暢之時，某人吟詠一句：
「遙知兄弟登高處，遍插茱萸少一人」，節日的氣氛立刻濃烈
起來。一句詩，一枝茱萸，經過成百上千年，無數次歲月榮枯，
彷彿都沒變過一般，紅亮得讓人心旌搖蕩。

一樣花開菊韻長

重陽的菊花同端午的艾蒿、中秋的月亮一樣，是人們心目
中最能代表節日的美好事物：在微涼的秋風中，在殘花敗草中，
唯有菊花清高孤傲地開放，堅持著自我的燦爛與鮮艷──「待
到秋來九月八，我花開後百花殺」。

　　菊花也是中國文化中不可缺少的一筆濃墨重彩：屈原《離騷》有「朝飲木蘭之墜露兮，夕餐秋菊之落英」之句。《四民月令》中也講「九月采菊」。晉陶淵明寫下了「采菊東籬下，悠然見南山」的千古絕句，唐詩宋詞中亦有眾多賀重陽、詠菊花的名句佳詞。

簪菊

　　唐宋開始，重陽節用茱萸插頭的少了，簪菊花的人多起來。唐末《輦下歲時記》說：「九日，宮掖間爭插菊花。」《紅樓夢》中也寫到了閨閣中簪菊的風尚，李紈看見賈母帶人進園子來，連忙迎上去笑說自己才摘了菊花要送過去。「碧月早已捧過一個大荷葉式的翡翠盤子來，裡面養著各色折枝菊花。

　　賈母便揀了一朵大紅的簪在鬢上。因回頭看見了劉姥姥，忙笑道：『過來帶花兒。』一語未完，鳳姐兒便拉過劉姥姥來，笑道：『讓我打扮你。』說著，將一盤子花，橫三豎四的插了一頭。賈母和眾人笑的了不得。劉姥姥也笑道：『我這頭也不知修了什麼福，今兒這樣體面起來。』眾人笑道：『你還不拔下來摔到他臉上呢，把你打扮的成了個老妖精了。』劉姥姥笑道：『我雖老了，年輕時也風流，愛個花兒粉兒的，今兒索性

作個老風流！』」

　　曹雪芹的文筆確實厲害，幾句簡單的描寫就將賈府女眷們
簪菊的景象趣味橫生地展現在人們眼前。

賞菊

　　賞菊之風由來已久，早在隋唐時期，名人雅士之間即已興
盛此俗。而在北宋京師開封，每逢九月菊花傲霜怒放，千姿百
態。宋人孟元老《東京夢華錄》中記載菊花名品：有黃白色蕊
若蓮房的「萬齡菊」，粉紅色的「桃花菊」，白而檀心的「木
香菊」，黃色而圓的「金鈴菊」，純白且人的「喜容菊」。清
代北京，人們把養菊和賞菊當成很重要的事，不論貧富，家家
都養著黃菊，重陽這天還把菊花枝葉貼在門窗上，能「解除凶
穢，以招吉祥」。

　　權勢豪門在這天吃蟹賞菊，喝菊花酒，吃菊花做的菜餚如
菊花蒸雞、菊花蝦米排骨湯、菊花糕等。其中最特別的還是「菊
花鍋子」和「九花山子」，菊花鍋子就是火鍋，裡面有「怒髮
衝冠的海參」、「酒色財氣的鴨子」和各色肉類、蔬菜，當然
也少不了菊花花瓣。

　　這種火鍋鮮美清甜，精巧別緻，在蕭瑟的秋天裡吃上一口，

回味悠長。「九花山子」則是把數百盆菊花按不同種類擺在架上，高低錯落，如同花山，一般要九種花色以上，菊花名品以黃金帶、白玉團、舊朝衣和老僧衲為最雅。小門小戶的人家，也要擺上幾盆菊花，或者插幾枝菊花在瓶。一家人吃著自製花糕，賞菊取樂，闔家溫馨。

　　一些大的酒樓會做「九花塔」招攬顧客，酒館茶肆也栽種黃菊，還在街巷中張貼「市招」宣傳，如：某酒館茶肆新堆了好看的五色菊花山，請往欣賞。而那些菊花的名字，也在花蕊中疊滿了詩意，如西施曉妝、瀟湘妃子、紫鳳舒翎、玉扇銀針、金鳳含珠、漢宮春曉、浣花溪水、二喬爭艷等，花色有上百種之多。

　　江南也有菊花山。不僅有菊花山，素來愛好風雅的江南名士愛菊若癡，不亞於陶淵明。張岱《陶庵夢憶》中寫江南士紳愛菊，到了重陽這天，家裡的桌、炕、燈、爐、盤、盒、盆盎、餚器、杯盤大觥、酒壺、羅帷被褥、麵食酒菜、衣服花樣，無一不雕飾著菊花。

　　在夜晚的燭光映照下，各色器皿擺件上的菊花活色生香，比白天看起來更為鮮明生動。等到宴席散去，便命人撤掉葦簾，

今這些器皿上的菊花也沾點繁露。人們在燈下飲酒、賞花、賦詩，其樂無窮。

菊花酒

古人有飲菊花酒的習俗，認為可以益壽延年。漢代時，宮廷便有飲菊花酒的記載，《西京雜記》還談到了制菊花酒的方法：「菊花舒時，並采莖葉，雜黍米釀之，至來年九月九日始熟，就飲焉故謂之菊花酒。」但近代學者認為，此書所記事實大多反映南北朝時的風俗，並非西漢之俗。不過這對於百姓來說，已經無關緊要。

重陽節陽氣旺盛，這天人們都忙著釀造菊花酒，酒缸裡、屋子裡都溢滿香氣。明朝時的重陽節，宮廷裡吃迎霜麻辣兔，飲用菊花酒。民間也喝菊花酒，搭配香糟的嫩蟹、清煮的板鴨、新鮮韭菜花，味道清醇，滋味甘美。

中國人自古便以梅、蘭、竹、菊為「花中四君子」。元稹《菊花》一詩說：「不是花中偏愛菊，此花開盡更無花。」中國人對菊花向來多一分偏愛，這也沒辦法，九月本來就屬於菊花，比起那些春夏爭艷、秋日殘敗的花朵，菊花自然有一種不凡的仙姿和奪人的氣魄。

在萬物蕭條之際，在秋風落日之中，一叢叢菊花傲然開放，凌霜自行，恬淡自在。那些欣賞菊花、癡愛菊花，憂國憂民、心思澄明的文人隱士，又何嘗不是如此呢？

在中國人眼裡，菊花漸漸成了重陽節的象徵。涼爽的九月裡，人們一邊觀賞盛開的菊花一邊喝著芬芳的菊花酒，身心都暢快無比。

千古高風說到今

重陽節的美並不完全在於風俗和儀式，更在於千百年歷史中所積澱的名士風度，詩詞美談。詩、酒、菊，歷來是重陽故事中最為艷麗的一瞥。詩人們飲酒疏狂，寫下了許多重陽佳句，為重陽節加入了獨特的情感註解。

如思鄉懷歸──柳永《八聲甘州‧對瀟瀟暮雨灑江天》之「不忍登高臨遠，望故鄉渺邈，歸思難收」。如蕭索離愁

——李清照《醉花陰‧重陽》之「莫道不銷魂，簾卷西風，人比黃花瘦」。如風流率性——李白《九日龍山飲》之「醉看風落帽，舞愛月留人」。又如閒情雅趣——白居易《重陽席上賦白菊》之「還似今朝歌酒席，白頭翁入少年場」。

孟嘉落帽

《九日龍山飲》中的「風落帽」，出自魏晉時代的典故「孟嘉落帽」。《晉書‧孟嘉傳》中記載，東晉時，孟嘉在征西大將軍桓溫處任參軍。某年的九月初九，桓溫帶著屬下官員登山，大擺宴席，賞菊飲酒。官員們都衣冠楚楚，戎裝穿戴。

正在眾人觥籌交錯之時，一陣秋風吹過，將孟嘉的帽子吹落在地。孟嘉此時酒意酣濃，並未發覺。桓溫見了，叫左右的人都不要說話，想要看看孟嘉的舉止。等孟嘉如廁的時候，桓溫命人把帽子撿起，並命在座的孫盛寫文章嘲笑孟嘉落帽之事，將帽子和文章一併拿給孟嘉。孟嘉看完文章，立即寫就一篇詼諧且文采四溢的文章，巧妙為自己的落帽失禮辯護。

桓溫和滿座賓朋爭相傳閱，無不擊節稱讚，一時傳為美談。掉帽子本是小事，但難得的是孟嘉那份灑脫自然、敏捷機智的魏晉風度，令人不禁歎服：是真名士自風流啊！

白衣送酒

　　東晉末年的大詩人陶淵明生逢亂世，不願與腐敗的官員同流合污，於是辭去彭澤縣令一職，退隱田園，過著自耕自種、飲酒賦詩的恬淡生活。在《歸園田居》中，陶淵明寫道：「少無適俗韻，性本愛丘山。誤落塵網中，一去三十年。羈鳥戀舊林，池魚思故淵。」對仕途的厭惡之情溢於言表。

　　陶淵明極愛菊花，因其外在的嬌美燦爛，更因其內在的高潔剛烈。重陽之時，潦倒的詩人觀賞菊花卻苦於無酒，卻見遠處來了一個白衣人，原來是江州刺史王弘派來的差人，特地送酒來給陶淵明的。陶淵明喜出望外，立即打開酒甕，在菊花的芬芳之中開懷暢飲，寫下「余閒居，愛重九之名。秋菊盈園」之句。值得玩味的是，「孟嘉落帽」的主角孟嘉，正是陶淵明的外祖父。

《滕王閣序》

　　千古名篇《滕王閣序》的誕生，據傳也是在重陽節這天。重陽節當天，洪州都督閻某在滕王閣擺酒宴。適逢年輕的詩人王勃去看望父親，也被邀請一併入席。席間，閻公提出讓眾人寫文賦詩以記盛宴，在座眾人都明白閻公其實是想讓自己的女

婿施展才華，因此都推托不寫。唯獨王勃並不知曉，拿起筆就開始寫。

閻都督十分氣惱，便藉故更衣，拂袖而去。後來聽手下人一一回報王勃詩文，語驚四座，等聽到「落霞與孤鶩齊飛，秋水共長天一色」時，閻公拍手叫好，稱王勃為天才。後來《滕王閣序》成文，果然名震詩壇。

登高、飲酒、賞菊、作詩……這種不務世事的散淡，有風流自賞的魏晉底色，更帶著一種老莊風格的隱逸氣質和仙人姿態的煙雲水氣。千年雖逝，但那些追求率性、珍惜自我的詩人名上，與他們的詩詞和時代一起，久久為後人所懷念。

「故鄉籬下菊，今日幾花開？」鄉間的人們並不懂這些文雅詞賦，享用過醇厚的蕎麵熬羊肉，夜裡登山，許多人都摘幾把野菊花，回家插在女兒的頭上。

他們並不知道那菊花可以引出這許多故事，更不知何為名士氣度。但他們知道那些菊花的美，是一輩傳了一輩，亙古未變的。而正是故鄉的菊花和淳樸的土地，孕育出了這許多燦如星斗的文豪智者和千古高風，一直被中國人流傳和訴說著。

冬季篇

　　冬天能夠帶給人們兩種完全不同的感受——冷與暖。當天地飛雪、北風吟唱之時，室內卻暖意撲面，酒香濃醇。冬季的節日也能帶給人這兩種感受。

　　寒衣節的夜裡，為遠征邊關的丈夫趕製冬衣的女子焦急而惆悵。冬至節裡開「消寒會」的人們正親朋互賀，畫梅賞雪。在佛寺粥棚處等待僧人施捨臘八粥的乞丐瑟瑟發抖時，富貴人家小年祭祖的桌案上卻杯盤琳琅。為了過年還債而走投無路的雇工已經凍僵街頭，除夕夜裡的火樹銀花已不知映紅了多少良辰美景和嬉笑歡顏。

　　冬季的節日是寬容的種子，以其特有的包容看待世間的愛恨悲喜榮辱。中國古代哲人莊子在《莊子‧知北遊》中說：「天地有大美而不言，四時有明法而不議，萬物有成理而不說。

　　聖人者，原天地之美而達萬物之理。」意即：天地有全然的美妙，卻不發一言。四時有明顯的規律，卻不必商議。萬物有既定的道理，卻不加說明。聖人，就是要存想天地的美妙，而通達萬物的道理。莊子認為，天地之大美，四時之序列，萬物之榮枯，都被「道」所包容，這也是世間和宇宙本來的根源。真正的大慈悲，並非對於細枝末節和一時悲歡榮辱的關注與計較，而是平靜地看待和包容一切。

　　美麗與醜陋、顯赫與落魄、富貴與貧窮，這些都是生活中的一部分。接受外在並完善自我，不必強自己所不能，一切得失都是順應，於是生之歡樂、死之悲哀都會在這大順應、大過程之中消融，這正如冬天萬物凋零，卻也孕育著來年春天的生機一般。

寒衣節

子夜吳歌・冬歌　　唐・李白

明朝驛使發，一夜絮征袍。

素手抽針冷，那堪把剪刀。

裁縫寄遠道，幾日到臨洮？

　　重陽之後，秋雨漸漸地少起來。遼遠的天空多數是晴朗的，太陽也別樣溫暖，不似酷暑時的灼熱，也非寒冬時的冷淡。清晨的草葉上已經看得見薄薄的一層霜霧，站在陰影處的單衣流浪者還難免寒顫發冷，但只要走到陽光下，身體便會暖和起來。

　　陽光如溫軟的綢緞輕掠過人們的臉龐，也照亮了田野上青翠的草木，那隱隱約約的綠，激起了詩人作詩的雅興，也引得山桃花粉了臉頰，興沖沖地開在田野深處。此時光景，人們稱之為「十月小陽春」。不過，農曆十月是冬寒乍起的時月，「小陽春」只是個短暫的過渡。《易・坤》中說：「初六，履霜堅冰至。」當人們的腳踏在初秋的輕霜上，就預示著寒冷的冬天就要到來了。

　　十月初一這天如果特別冷，賣皮貨的商人和估衣攤的小販

就會滿臉笑意，嚴寒對他們則意味著生意興旺。各家勤儉的女人們拿出早就做好的冬衣，讓家人各自試穿。男人們則要負責生爐子，添設煤火。

冬天一到，天氣漸寒，人們首先想到的就是加
衣服。皮貨商和估衣小販的生意興旺起來，手
巧的主婦們也為家人做好了冬衣。

　　古時候，北方城市的居民有十月初一正式生火升爐的習俗，直到來年二月才撤火，叫作「暖爐會」。明清時候的北京人，這個時節圍坐在紅爐暖閣之中，猶如寒谷生春。

　　暖爐會的酒水有竹葉飛清、梨花湛白、紹興苦露等，醇厚香濃，令人垂涎。而此時的湯羊肥美，羊肉火鍋正是佐酒佳品。大人們吃火鍋，孩子們則愛吃炒栗子、烤白薯。庭院裡，女孩子喜踢毽子，男孩子則愛踢石球，這些都是十月裡活血御寒的常見遊戲。

一曲寒衣調

《詩‧豳風‧七月》中說：「七月流火，九月授衣。」《禮記‧月令》說：「是月也，天子始裘。」宋代《歲時雜記》載：「十月朔，京師將校禁衛以上，並賜錦袍。皆服之以謝。」

春秋時期，人們在季節更替之時授衣（換衣），而天子也在此月換上裘衣，昭告天下子民冬日已至。宋朝的時候，朝廷在十月初一授群臣以過冬的御寒冬服。古人以一種簡單樸實的方式應對著氣候的變化更迭，天熱減衣，天冷加衣，這是最自然不過的了。

民間有「十月一，送寒衣」之說，最初的寒衣，是母親準備給經商求學的遊子、妻子準備給遠征在外的丈夫所穿的。古代戰爭頻繁，徭役繁重，征夫離婦之怨，在傳說和詩詞中都是經常上演的主題。

著名的民間故事《孟姜女》就提到了「送寒衣」的情節。故事所講的是孟姜女千里尋夫送寒衣，還哭倒了長城。但「送寒衣」的情節，卻不是最初就有的，而是後世流傳中逐漸加入的元素。

史籍記載，齊國武將杞梁戰死，齊莊公在郊外遇見杞梁之

妻，對她表示弔唁。杞梁之妻則不以為然，說：「如果杞梁有罪，王何必親自來弔唁？如果他無罪，那麼他還有祖先傳下來的家在，我不應該在郊外接受您的弔唁。」齊莊公聽後，專門到她家裡進行了弔唁。這裡所記載的孟姜女原型是杞梁之妻，還沒有那麼多傳奇色彩，只說明這位女子十分遵守禮儀，是民間賢淑女子的典範。

後來一些作品又進一步豐富了這個女子形象，說杞梁夫妻沒有子嗣，丈夫死後，這個女子便無依無靠，枕著夫婿的白骨哀哭於城池下，十天以後城牆被她悲傷的哀哭而動，因而崩裂。這個剛烈的女子在埋葬了丈夫之後，便投淄水而亡了。之後，故事又有了新發展。

據《周賢記》載，杞梁是秦始皇時的燕地之人，杞梁妻叫作孟仲姿，杞梁因逃避勞役而誤入孟家，不料卻看到了正在沐浴的仲姿。說明緣由後，仲姿原諒了杞梁的無禮，兩人結為連理。但杞梁還是被官兵抓回長城工地，死後埋屍於長城之下。孟仲姿千里尋夫，哭崩長城，在纍纍白骨中滴血認親，終於找到了丈夫杞梁的屍骨。在當時，這個故事感動了許多人，也被寫入了詩人的筆下。

　　元代時，孟氏女子哭長城的故事經過前朝幾代人的口傳，又添上了諸多情節，更被劇作家寫進戲曲之中，搬上了舞台，情節波折，引人垂淚。明清至今，民間所流傳的完整《孟姜女》故事是這樣的：秦朝時，孟姜兩家鄰居在院牆處種了一棵瓜，瓜熟蒂落後，裡面躺著一個小女嬰，兩家大人給她起名為孟姜女。孟姜女美貌賢淑，後來嫁給范喜良，范喜良卻在成親時被公差抓走，為秦始皇修建長城，一去不見音信。

　　天氣漸寒，心繫良人的孟姜女連夜為丈夫縫製了厚厚的寒衣，踏上了千里迢迢送寒衣的路途。可等她到了長城，卻發現丈夫已死，於是肝腸寸斷，哭聲感天動地，哭塌了八百里長城。人們在這個苦情的尋夫故事中，融合了自己對現實勞役的不滿，甚至有人杜撰了秦始皇看上了美貌的孟姜女，遭到戲弄拒絕，最終孟姜女投海殉夫等情節。

　　故事雖有失真實，卻深刻地表達了在戰亂頻繁的古代，征夫思婦的刻骨悲傷。有一首民間小調《孟姜女》唱道：「正月梅花綻喧喧，家家戶戶過新年。人家夫妻團圓聚，我為明月缺半邊。」

　　民間的情感表達總是熱烈而直接，在文人的筆墨中，這種

情思便婉轉了許多。唐代詩人李白曾以「春夏秋冬」四時作《子夜吳歌》四首，其中的《秋歌》與《冬歌》提到了古代送寒衣之習俗。《子夜吳歌‧秋歌》：「長安一片月，萬戶搗衣聲。秋風吹不盡，總是玉關情。何日平胡虜，良人罷遠征。」

在長安淒清的秋月之夜，傳來了遙遙的搗衣聲，那是千家萬戶的女人們在為遠征邊陲的丈夫趕製冬衣所做的準備。在古代，做衣服用的布帛先要用杵搗得平整柔軟方能縫製，所以才有了長安城這此起彼落的「搗衣聲」，而與這搗衣聲糅合在一起的，還有這些女子思念丈夫的一番離情愁緒。

秋風蕭瑟，萬戶搗衣，而這一切都是為了在玉門關出征的戰士們。這些深居閨門中的女子，並不知帝王們為何要打仗，但她們也懂得男人征戰是為了驅除胡虜，只有驅除了胡虜，才會有天下的太平，夫妻才能再次團聚。詩中雖然並未直接抒情，卻句句關於情。

《子夜吳歌‧冬歌》：「明朝驛使發，一夜絮征袍。素手抽針冷，那堪把剪刀。裁縫寄遠道，幾日到臨洮？」《冬歌》似乎是緊接著《秋歌》而作的：一個女子收到消息，為征戰將士送征袍的驛使明日就要出發了。這個消息很突然，而女子還

沒有做好準備，為了前方的丈夫能夠穿上冬衣，只有連夜趕製了。

　　簡單的幾句描述，讓人也同這個女子一樣幽怨而心焦起來。之後便是緊張的勞作：纖纖素手，寒夜中燈下抽針，本就冰冷難耐，又要握著那涼如寒冰的剪刀。將近黎明的時候，女子終於趕製好了寒衣，卻又擔心起來：這麼遠的路程，寒衣送到邊關臨洮不知道需要多久，那麼丈夫在更為寒冷的邊關還不知道要耐怎樣的冷，受怎樣的苦。其情思之委婉深厚，蕭索淒然，令人感歎。

　　詩人以簡短的詩句，描述了一個社會的大場景：在連年征戰的古代，男人們在邊關浴血奮戰，女子們在家中辛勤勞作、思念丈夫並為丈夫做寒衣。那個人，也許等得回來，也許等不回來。當男人葬身沙場時，故鄉的妻子卻還在夢裡等待他的歸期。黃泉碧落，一輩子的守望。千山飄雪，一輩子的相憶，甚至是生死相隨。

致陰冥亡者的祭祀

　　農曆十月初一的「寒衣節」，是繼清明節、中元節之後的

第三個祭祖節。中國人是極其重視祭祖的，既然相信亡故的親人在另一個世界上存在著，既然活著的人要穿過冬的御寒衣物，那麼死去的人們也一樣需要寒衣。

關於祭祖燒紙的習俗，民間流傳著一個「蔡莫燒紙」的故事。傳說蔡倫有個哥哥叫蔡莫，他跟著蔡倫學造紙，卻因品質差賣不出去。蔡莫的妻子慧娘非常聰明，半夜假裝得了急病而死，丈夫不知就裡，大放悲聲，在悲傷之餘就把自己造的紙燒了祭奠慧娘。

活人要添衣，死人也不例外。寒衣節祭祖，人們會把紙做的寒衣跟冥幣、冥器等一起燒掉，如有特殊原因不能上墳，就把這些東西放在寫有亡人名字的包袱中燒掉，就像郵寄包裹一樣，稱為「燒包袱」。

葬禮上的號哭聲驚動了四鄰，人們紛紛前來看個究竟，正在此時，忽聽死去的慧娘敲打棺材，眾人連忙打開棺材，只見慧娘裝腔作勢地唱道：「陽間錢能行四海，陰間紙在做買賣。

不是丈夫把紙燒，誰肯放我回家來？」眾人信以為真，以為人間的紙就是陰間的錢幣，於是都買這些紙回去燒給祖先和死去的親人。由此，慧娘夫婦擺脫了困境，民間也形成了燒冥幣和送寒衣的習俗。

送寒衣的習俗古已有之，據宋人《東京夢華錄》記載，東京汴梁的街市上，從九月下旬就開始賣冥衣、靴鞋、席帽等物品。士族庶人都要出城至郊野，前往祖先墳前祭掃，只是尚未形成固定的節日。

元代時開始有了「送寒衣節」，北方人在十月初一這天上墳祭祖，焚燒冥衣冥器，清掃墓前的雜草枯葉，以表達對逝去祖先的追懷。到了明代，十月初一祭祖送寒衣已成固定習俗。

《帝京景物略》中說，十月初一，賣燒紙的紙肆就裁剪刻印五彩紙衣出賣，絞衣分男女款式，大約一尺來長，還備有包裹寒衣的紙套，在紙套上寫明收衣人的姓氏行輩，甚至寫清楚某縣某村某處，還要寫上寄送者的名字，就如同寄送書信一般。晚上，人們在一番祭奠之後，呼喚著亡者的名字，將寒衣在門外焚化，稱為送寒衣。

清末時，北京南紙店裡賣一種彩色蠟花紙，粉紅底的印上

白色菊花，白色底的印上青蓮色的蝴蝶，黃色底的印上紅色牡丹，裁剪成衣褲的形狀，和冥幣一起放在「金銀包袱」裡焚化。有新喪的人家用素白色的紙做衣服焚燒，據說新鬼不能穿彩色的衣服。這倒也符合中國人的性格，無論去到哪裡，新來者總歸要低調。在人們的想像中，鬼也是如此，新鬼穿的衣服也不能搶去了資深老鬼的風頭。

給死去的人們「送寒衣」，溫暖和撫慰的其實是生者的心。那種懷念親人的情感，那種寒冷時顧念死去的親人和祖先的「孝」與「思」，淋漓盡致地表達中國人的「孝義」之道——無論世事如何變幻，對父母和祖先的孝與敬是永恆不變的。

這樣的祭祀之孝，絕不只是形式而已，更多的是心中相信祖先一直存在，雖然陰陽兩隔，但對於親人來說，亡者從未離開過他們思念的心。人們面對墓碑和亡者神牌的感受，除了敬畏和思念之外，還有一種與逝去親人交流的親切感。孔子的學生描述老師在祭祀時候的樣子是：「祭如在，祭神如神在。」

孔子在祭祀祖先鬼神的時候，好比受祭者就在身旁，莊嚴肅穆，一絲不苟。祭祀是一代代中國人傳下來的禮俗，形式也許會有所更改，但那份真誠的心是不會改變的。

冬至

風入松　宋・李從周

霜風連夜做冬晴，曉日千門，香葭暖透黃鐘管，正玉台，彩筆書雲。竹外南枝意早，數花開對清樽。

香閨女伴笑輕盈。倦繡停針。花磚一線添紅景，看從今、迤邐新春。寒食相望何處，百單五個黃昏。

冬至是二十四節氣之一，《史記・律書》說：「氣始於冬至。」冬至是一年生命週期的結束，也預示著新的開始，是生命死而復生的節點。客觀上，太陽光在這一天幾乎直射南迴歸線，因此古代也稱冬至為「日南至」。

冬至擁有全年中最漫長的一個夜晚。中國人將萬物之變化融合於行事和養生的哲學之中，在白天變得最短、陰陽二氣相爭最為激烈的冬至日，軍隊待命，邊塞閉關，商旅不行，百官絕事，君子要齋戒禁慾，靜心養性，以待陰陽的轉化。

中國人認為陽代表了生命，是人們福氣的源頭。在冬至這天，陽氣開始回升，催得南方的早梅開了。人們在雪中賞梅，平和中以養浩然之氣，所顯示的正是一種儒家的卓然氣質。

祭天祭祖

　　冬至在古代是一個盛大的節日。在盛大的節日祭祀，是中國人不可或缺的儀式和習俗。冬至祭祀的神祇主要是天神、四靈和先祖。四靈是指四方神靈和四季之神，祭祀的目的是為了迎接生命之神的再生，也是為了消除那些潛在的災難和邪祟。

　　《周禮》記載，冬至日，天子要率三公九卿迎歲，到郊外舉行祭天大典。魏晉南北朝時也有祭天的記載，皇帝作為天神在人間的代表，親自參加祭天儀式。唐宋明清各朝皆相沿此俗。祭天是皇帝和朝廷的事情，祭祖則是每一個中國人的事情，這不僅是對祖先表達敬仰和懷念，也是尋找自己根源的一種儀式。

　　冬至這天一早，人們換上華衣鮮服，備辦飲食，享祀先祖。同一宗族的子弟都聚集到祖祠之中，按長幼之序一一祭拜祖先。祭典之後大擺宴席，久不相見的親友們一起開懷暢飲，寒暄相問，聯絡久別生疏的感情。尋常的百姓人家也要祭祖，只是儀式不似大宗族那般煩瑣。

　　人們在家中掛上祖先遺像，或者擺上祖先靈牌，用還冒著熱氣的羹飯、糍糕、冬至糰子或細肉餡餛飩來祭祖，然後一家人才一起坐下來享用。饞嘴的孩子們往往也能在祭祖之後嘗到

新鮮——吃了敬過祖先的供品，便能獲得祖先庇佑，得到好運。

冬至祭祖所用的食物十分豐盛，人們畢恭畢敬地把
飯菜擺在牌位前，等祖先「享用」完畢才自己食用，
據說這供品可以帶來祖先的庇佑。

冬至拜賀

《漢書》中說：「冬至陽氣起，君道長，故賀。」從漢代開始，一直到明清，官方都有拜賀冬至的習俗。宮廷裡為了應冬至的景兒，在宮室中掛上綿羊太子畫帖。御膳房裡，各色貢品也到了：北邊的是獾狸狍鹿，野豕黃羊。南來的則是橙柑橘柚，香櫞佛手，蜜餞糖稀。御廚們還特別醃製了豬蹄豬尾、鵝脆掌，精心製作了羊包肉、扁食餛飩，以扶助陽氣。

內眷和妃嬪們穿上了陽生補子蟒衣，一邊觀賞著悅目的紅

梅，一邊烹新雪以煮香茶。這天，皇帝會接受外國使節的恭賀，官員們穿著紅色的慶典服飾按例慶賀冬至，呈進賀表。參加完朝廷的賀冬儀式之後，還有官員之間的互拜。「京師最重冬節，不問貴賤，賀者奔走往來。」達官貴人家的拜訪登記簿上，寫滿了各色名頭的人名。朝廷曆法一般也在冬至這天頒布。

元朝時候，太史院冬季進畫曆，朝廷頒布之後市面上才有新的萬年曆流行。明清時流行送曆書，朝廷頒布曆書之後，先要發給內閣和諸司的大臣，各地則由衙役小吏分送。

舊時北京，常能在胡同裡聽見「賣皇曆」的吆喝之聲。曆本裡所記載的內容有襲爵受封、祭祀祈福、求醫治病、乘船渡水、登高履險、收斂貨財等，適合做的叫「宜」，不適合做的稱「忌」。

明清時期的京城百姓，冬至這天倒頗為悠閒。人們將花木挪到地窖中去將自家的門窗封得密密實實的，以擋住嚴冬的冷風。孩子們在院子裡踢一種圓形的石球，互相碰撞為勝。學堂的學子要施拜聖人孔子並送給老師新鮮的豆腐，稱為「隆師」。

兒媳婦給公公婆婆進獻親手做的鞋襪，稱為「履長」，也叫「迎福踐長」。所謂「踐長」，是古時傳下來的習俗，踐踏

地上的日影，寓意是吸引太陽之光芒，這樣可以得到福氣，辟除邪惡。而發展到後世，多是為了表達晚輩的一片至孝之心，祝願長輩身體康健。嫁出去的女兒也會回家看望母親，幫母親做些家中活計。婆媳、母女一起準備過節的飯食：紅銅火鍋搭配著羊肉、雞、魚和各式蔬菜。用冬筍、青韭、黃芽等製作新鮮羹湯，主食則多為餛飩或餃子。

相比北方，南方人更重視冬至節。冬至的前一天開始，親戚朋友們便開始互贈冬至盤了，在父母家小住的出嫁女兒要趕回夫家。冬至的前一晚叫作「冬至夜」，人們在家裡吃花糕，喝「分冬酒」。到了冬至這天，士大夫們互相拜謁，敬奉尊長。街道上，提著禮盒的人比比皆是，人們衣帽光鮮，喜氣洋洋。熟人見面則作揖祝賀，稱為「拜冬」。

宗族世家，合族老小集聚祠堂，祭祀歷代祖先，然後宴飲。主婦們做赤豆糯米飯、長線麵，也有做餛飩的，更多的人家會做冬至糰子，在糯米粉裡包上糖、肉、菜、果、豌豆沙、蘿蔔絲等，舊時上海人則講究吃湯圓。

詩云：「家家搗米做湯圓，知是明朝冬至天。」宴會之後，人們都逐漸散去。清冷的夜晚，寂靜的街道里巷傳來巡夜人悠

長的調子：「寒冬臘月，樓上樓下，灶前灶後，雞籠焙籠，一街兩岸，各家火燭小心。」

冬至食物的傳說

餛飩是冬至南北方都要吃的食物，早在三國時代就已經出現了。直到唐宋時人們所吃的餛飩和水餃還並無太大區別。到了明清時候，餛飩才開始自成一派，與水餃區別開來。不同地區對餛飩的叫法亦有差別，江浙等大多數地方稱餛飩，廣東則稱雲吞，湖北稱包麵，江西稱清湯，四川稱抄手，新疆稱曲曲。

民間傳說漢朝時候有兩個凶殘的匈奴首領，一個叫渾氏，一個叫屯氏，百姓十分痛恨他們，於是在冬至這天用細肉餡包成餛飩吃掉，諧音「渾屯」。然而若說諧音，餛飩與混沌同音，形狀也渾然天成，如同雞蛋一般，用來寓意遠古祖先打破混沌、開天闢地的創舉，在冬至這個祭天的日子食用，比起民間故事中因痛恨匈奴首領渾氏和屯氏而做成「餛飩」的說法要更有說服力。

河南冬至吃餃子，也叫吃「捏凍耳朵」。東漢著名的醫學家張仲景曾任長沙太守，他告老還鄉回南陽時，正值大雪紛飛

的冬天。在白河兩岸，他見鄉親們面黃肌瘦、衣不蔽體，很多人的耳朵被凍爛了，心裡非常難過。

於是他帶領家人和弟子在南陽關東搭起醫棚，用羊肉、辣椒和一些驅寒藥材放入鍋裡熬煮，撈出來剁碎後用麵皮包成像耳朵的樣子，再放入鍋裡煮熟，再將食物施捨給窮苦鄉親們服用，於是，鄉親們的耳朵都治好了。後來，每逢冬至，人們便模仿做著吃，因此形成「捏凍耳朵」的食俗。

北方還有不少地方在冬至這天吃狗肉和羊肉。冬至吃狗肉的習俗據說是從漢代開始的，漢高祖劉邦的大將樊噲是高祖的沛縣同鄉，他開過狗肉攤子，最擅長做狗肉。劉邦在冬至這一天吃了樊噲煮的狗肉，覺得味道特別鮮美，讚不絕口，從此在民間形成了冬至吃狗肉的習俗。而中醫認為羊肉狗肉都有壯陽補體的功效，因此從養生角度來說，冬至食用羊肉、狗肉也是十分合適的。

九九歌訣、消寒會、消寒圖

冬至過後，「數九」的日子來臨，一年中最冷的時光開始了。數九即每九天為一「九」，共九九八十一天。對於條件簡

陋的古人來說，這樣的冬寒是非常可怕且難熬的。為了排解這漫長的寒冷，人們開始數著指頭消磨它，每過去一天，都要記錄下來。越難熬的日子，越需要看到希望。

九九歌訣

　　宋元時期，九九歌訣就已經開始流行於南北各地，記載最早的大約是宋人陸泳在《吳下田家志》中所收錄的那首：「一九二九，相喚弗出手。三九二十七，籬頭吹觱篥。四九三十六，夜眠如鷺宿。五九四十五，太陽開門戶。六九五十四，貧兒爭意氣。七九六十三，布衲擔頭擔。八九七十二，貓狗尋陰地。九九八十一，犁耙一齊出。」這樣的歌訣在各地都有，大同小異。

　　蘇州將五九後面改為「五九四十五，窮漢街頭舞。不要舞，不要舞，還有春寒四十五。六九五十四，蒼蠅垛屋枕。七九六十三，布衲兩肩攤。八九七十二，貓狗躺洵地。九九八十一，窮漢受罪畢，剛要伸腳眠，蚊蟲蝎蚤出。」

　　在古代社會裡，窮人過冬尤其難受。這樣的歌訣把當時街面上最典型的情景描述了出來：人們走在街上，因為怕冷把手都縮在袖子中，熟人見面也並不拿出來，點頭招呼一聲就好。

　　寒風吹過，籬笆簌簌，如吹響的觱篥一般。晚上躺在被窩裡的人們，卻凍得瑟瑟發抖。等到了五九的時候，太陽慢慢有了溫度，但衣衫單薄的窮漢子也要跳著腳走在街頭方能取暖。

　　再暖一些的時候，人們披著的棉衣開始敞著，並不繫上扣子了。待到八九、九九的時候，北方的貓狗開始找陰涼的地方賣呆，農民要準備春耕，而南方則開始熱了起來，蚊蠅跳蚤又出來擾人了。

　　歌訣好像把人們在數九中的生活簡化了，唱完這幾句就過去了似的。但這麼漫長的寒冷，每一句說完，日子都得慢慢地過，體味那深入骨髓的寒冷。當人們不再為這樣近乎考驗的寒冷擔憂之時，又如何能夠真正理解歌訣裡那種歡快中所隱含的辛酸呢？

消寒會

　　《紅樓夢》第九十二回說道：「明兒不是十一月初一日麼？年年老太太那裡必是個老規矩，要辦『消寒會』，齊打伙兒坐下，喝酒說笑。」所謂消寒會，大都是舊時冬至以後，富貴人家輪流做東舉行宴會，邀請親朋飲酒玩笑，以消磨冬日。屋外大雪紛飛，屋內卻溫暖如春，花香襲人。餐桌上銀魚鹿尾，南

烹北炙，細碟乾果。女眷們一起玩一些拇戰、擊鼓傳花之類的小遊戲，一片歡聲笑語。

冬至過後的嚴寒天氣，對古人來說分外難熬。民間為此舉行「消寒會」，親朋好友聚會玩樂，美食和遊戲讓人心中生暖，也就忘卻了寒冷。

白居易詩云：「綠蟻新醅酒，紅泥小火爐。晚來天欲雪，能飲一杯無？」文人雅士們也開「消寒會」，幾個相知舊友在窗前圍爐飲酒，童子在地下扇火溫酒，飲酒時的酒令要用「九」或與「九」相關的事物，酒興至濃時便吟詩作畫。人們笑聲不絕，在消寒會上酒意酣暢，寒氣也自然消去了。

消寒圖

冬至日，閨閣中的女兒要描畫九九梅花圖，這也是女人們用以消磨寒冬的遊戲。平常人多用墨色塗染梅花的花瓣，而美人們則用胭脂紅。有的書中記載了美人描染梅花的情境：在窗戶上貼上一枝梅花，女子晨起上妝的時候把胭脂塗一瓣在梅

花上，每天染一瓣，等到九九八十一天後便正好完成了。染好八十一瓣之後，梅花謝了杏花開，人間又是春草綠。

九九消寒圖還有一種用圖形記錄天氣變化，橫著九格，豎著九格。人們從冬至開始，在格子裡以上下左右四個方位標識陰晴雨雪。這種消寒圖樣式很多，有魚形消寒圖、葫蘆消寒圖、童子消寒圖等，也有的人家用它來當日曆使用。清朝宮廷有御制的《九九消寒圖》，冬至日起，對九個均有九畫的中空大字進行塗描，九天描完一個字，九九八十一日則詩句描成。如「亭前垂柳珍重待春風」，語意典雅，寓意深遠。

《史記・律書》中記載，「日冬至，一陰下藏，一陽上舒。」消寒圖其實就是以圖畫的形式記錄由冬到春的變化過程，九是陽數，九字的疊加寓意陽氣的增長，帶有一種巫術式的禱告。傲寒的梅花和迎春的垂柳，以一種意念的巫術在不知不覺中拂去了冬日的陰冷和殘酷。

當冬天不再難熬，巫術的意味減弱，消寒圖便也演變為一種有趣的遊戲。也可以說，人們不再對冬天手足無措和充滿畏懼了，當人們賞雪喝酒畫梅花的時候，冬天的殘酷也在那盈盈白雪中，變得柔和起來。

臘八

臘八粥　　清・道光帝

一陽初夏中大呂，穀粟為粥和豆煮。

應時獻佛矢心虔，默祝金光濟眾普。

盈幾馨香細細浮，堆盤果蔬紛紛聚。

共嘗佳品達沙門，沙門色相傳蓮炬。

童稚飽腹慶州平，還向街頭擊臘鼓。

在中國人的印象裡，「年」幾乎是從一進農曆十二月就偷偷地探出頭來。如果說正月初一到十五是「過年」，那麼臘月就是「忙年」，臘八是提醒人們開始忙年的信號。

北京流傳著這樣的民謠：「孩子孩子你別饞，過了臘八就是年。臘八粥喝幾天，哩哩啦啦二十三。二十三，糖瓜兒粘。二十四，掃房日。二十五，炸豆腐。二十六，燉羊肉。二十七，殺隻雞。二十八，把麵發。二十九，蒸饅頭。三十晚上熬一宿，大年初一扭一扭。」

這又是極冷的一個日子。老北京有句俗話，「臘七臘八，凍死寒鴉」，這臘月中的天寒地凍，莫說是一般人畜，連耐凍

的寒鴉也受不住。既然怕冷，又是農閒之時，人們待在屋裡的時候就多了起來。若是再下起一場大雪來，從窗子裡望去，就更是別有一番滋味了。

在人們的印象中，臘八這天全家一起喝香噴噴的臘八粥，嘻嘻哈哈地鬧騰著，說著新年各自想買的玩意兒，這一天就平平淡淡地過去了。實際上，這個充滿了年味兒和民趣的臘八節，來源於上古時代人們祭祀祖先和百神的莊嚴節日——臘日節。

進入臘月，新年也就不遠了。舉國上下籠罩在喜悅之中，「吃」的習俗也再度興起。

上古臘祭

先秦時期有年終祭祀祖先的節日，叫作臘日節。《左傳》中曾有「虞不臘矣」的記載，所說的是春秋時期，虞國大夫宮之奇預言虞國將被晉國誘騙滅國。果然，晉國假裝借道，先後攻滅虢國和虞國，即為著名的「假途滅虢」之戰。

宮之奇說「虞不臘矣」，是感歎虞國在年終之前就要被滅國，再沒有臘祭祖先的機會了。

除了十二月臘祭祖先，古人還有十月臘祭諸神的風俗。到了秦漢時期，十月臘祭的慶典和民俗功能完全合併到十二月臘祭之中，時間一般在冬至後的第三個戌日。人們這一天不僅祭祀祖先，也祭祀百神。

漢代應劭《風俗通義》記載，農曆十二月，各種飛禽走獸經過一年的生長，膘肥毛美，農閒的人們獵捕之後祭祀祖先，祈禱平安。同時，在年歲之終、新舊之交的時候以穀物祭祀百神，感恩神靈的賜予。除了祭祀，裡社鄉鄰還要聚眾宴飲，並舉行一系列驅疫的儺儀。

據古籍記載，主持巫儺的方相氏，身披熊皮，頭戴面具，上面有黃金鑄成的四目，上衣玄色，下裳朱色。還有舞隸裝成十二獸，方相氏率領眾隸，手執戈盾，擊鼓聲聲，驅逐疫鬼精

怪。通過這種模擬的戰鬥，方相氏和十二獸獲得了最終勝利，災疫鬼怪都被驅除。

謠語有「臘鼓鳴，春草生」之說，人們繫上細腰鼓，頭戴胡頭面具，扮成金剛力士的樣子，大聲呼喊著驅逐災疫。而後世臘日祭祀和舉行大儺的時間，也定在了十二月初八。

東漢開始，朝廷還要在「臘八」這天舉行盛大的朝會，皇帝會賜賞臣下以錢、米、羊等物。唐宋時則流行賞賜御制的臘日香藥和金銀花合子、面脂、澡豆等洗浴之物，這種風習來源於楚地臘八沐浴可以轉除罪障的民間說法。

《禮記‧雜記下》中記載，孔子的學生子貢觀看了十二月臘祭，回來後和孔子有了此番對話。孔子曰：「賜也樂乎？」對曰：「一國之人皆若狂，賜未知其樂也！」子曰：「百日之臘，一日之澤，非爾所知也。張而不弛，文、武弗能也。弛而不張，文、武弗為也。一張一弛，文、武之道也。」

孔子問子貢，看到臘祭慶典是否感到快樂。子貢說一國的人都欣喜若狂，可我並不覺得快樂。孔子卻教育他說，人們經歷了百日的辛勞，這一天的快樂是君主所賜予的恩澤。一張一弛，有緊有鬆，才是真正的文武之道。

佛祖與臘八粥

　　臘八這天，民間的百姓有喝臘八粥的習俗，佛教的寺廟也有施粥的傳統。有一種說法認為，中國民間喝臘八粥的習俗是源自佛教。

　　據佛家傳說，佛教創始人釋迦牟尼苦修六年，每天只吃一點麻麥。在成正果之前，身形消瘦，疲憊不堪。恰遇一牧女，將羊奶、果品與穀物共煮而成的乳糜送給了釋迦牟尼。吃完乳糜後，他元氣得以恢復，身體光銳、氣力充足，隨後於菩提樹下入定七日，在十二月初八夜裡望見一顆明亮的星，最終悟道成佛。

　　為了紀念佛祖悟道之日，佛教寺院在每年這一天都要舉行浴佛法會，並傚法「牧女獻乳糜」的典故，用香谷和果品等物煮五味粥敬佛，並施送給善男信女和貧苦之人。人們認為吃了這種粥可以得佛陀保佑，所以貧窮人家稱它為「佛粥」，也叫臘八粥，此後臘八吃粥在民間相沿成俗。

　　耶穌說：「狐狸有穴，天上的飛鳥有巢，但是人子卻沒有放枕頭的地方。」耶穌到處傳教，四海為家，任何地方都可以安睡。聖哲之所以異於常人，就在於他們慈悲的目光永遠都是

放在芸芸眾生身上，卻從來沒有想過要怎樣滿足自己的欲求。佛陀也好，耶穌也罷，都是如此——在追尋信仰和光明的道路上不懼苦難，並且樂在其中，最終超越了生命既有的限制。

香粥故事

《紅樓夢》第十九回，說到寶玉給黛玉胡謅了一個臘八的故事，生動有趣。寶玉謅道：「林子洞裡原來有一群耗子精。那一年臘月初七老耗子升座議事，說：『明兒是臘八兒了，世上的人都熬臘八粥。如今我們洞裡果品短少，須得趁此打劫些個來才好。』乃拔令箭一枝，遣了個能幹小耗子去打聽。小耗子回報：『各處都打聽了，惟有山下廟裡果米最多。』

老耗子便問：『米有幾樣？果有幾品？』小耗子道：『米豆成倉。果品卻只有五樣：一是紅棗，二是栗子，三是落花生，四是菱角，五是香芋。』老耗子聽了大喜，即時拔了一枝令箭，問：『誰去偷米？』一個耗子便接令去偷米。又拔令箭問：『誰去偷豆？』又一個耗子接令去偷豆。然後一一的都各領令去了。只剩下香芋。因又拔令箭問：『誰去偷香芋？』只見一個極小極弱的小耗子應道：『我願去偷香芋。』老耗子和眾耗見牠這樣，

恐他不諳練，且怯懦無力，都不准牠去。

小耗子道：『我雖年小身弱，卻是法術無邊，口齒伶俐，機謀深遠。這一去，管比他們偷的還巧呢。』眾耗子忙問：『怎麼比他們巧呢？』小耗子道：『我不學他們直偷，我只搖身一變，也變成個香芋，滾在香芋堆裡，叫人瞧不出來，卻暗暗兒的搬運，漸漸的就搬運盡了。這不比直偷硬取的巧嗎？』眾耗子聽了，都說：『妙卻妙，只是不知怎麼變，你先變個我們瞧瞧。』小耗子聽了，笑道：『這個不難，等我變來。』說畢，搖身說『變』，竟變了一個最標緻美貌的一位小姐。

眾耗子忙笑說：『錯了，錯了。原說變果子，怎麼變出個小姐來了呢？』小耗子現了形笑道：『我說你們沒見世面，只認得這果子是香芋，卻不知鹽課林老爺的小姐才是真正的香玉呢。』」賈寶玉用「香芋」和「香玉」的諧音來打趣林黛玉，兩個人的香閨對話中引出了臘八粥。

這樣的故事，總能讓人回味無窮，還沒吃臘八粥，就已經口齒噙香了。從故事中老耗子的令箭分派中大概可知，臘八粥的原料有米有豆有果，且寺廟中所存最多。宋代時，做臘八粥就已經在佛寺、朝廷和民間盛行。

茶餘飯後的炕頭故事，有的給人啟發，有的妙趣橫生。
臘八的故事多是與粥有關，聽著故事想著粥，還沒等到
吃，心頭就有了別樣滋味。

　　明朝宮廷裡，皇帝賜賞百官臘八粥，御廚們在臘八前幾天
就先把紅棗錘破泡湯，到了臘八早上，加入粳米、白果、核桃
仁、栗子、菱米煮粥進獻。

　　到了清朝，喝臘八粥的風俗更為盛行。皇帝皇后除了賞賜
臣子和侍從宮女臘八粥外，還要向各個寺院發放米、果等供僧
侶食用。雍和宮還會舉行臘八煮粥盛典，用大鍋熬煮臘八粥，
並請來喇嘛僧人誦經。

　　這種特製的臘八粥，除了江米、小米等五穀雜糧外，還加
有羊肉丁和奶油，粥面撒有紅棗、桂圓、核桃仁、葡萄乾、瓜
子仁、青紅絲等。第一鍋粥出來，要先供佛。

　　此時宮燈閃爍，香煙裊裊，鼓樂齊鳴，皇帝派來的供粥大臣率領官員開始在佛前供粥。第二鍋呈給皇帝及內宮眷屬，第三鍋給王公大臣和大喇嘛，第四鍋給文武官員和封在各省的大官吏，第五鍋分給雍和宮的眾喇嘛，第六鍋施捨給貧苦百姓。

　　北方民間，各家主婦在臘八前一晚就開始剝果子、洗米、泡豆，用黃米、白米、江米、小米、菱角米、栗子、紅豇豆和去皮的棗泥等，加水後煮熟，再用染紅的桃仁、杏仁、瓜子、花生、榛子、松子，以及白糖、紅糖、葡萄等，增色提味。講究的人家，還要先將果子雕刻成獅形或者小兒形狀，精緻小巧。

　　民間俗傳，哪一家越早吃臘八粥，來年的莊稼收成就早。有民謠曰：「誰家煙囪先冒煙，誰家高粱先紅尖。」臘七的半夜，主婦們就起床開始熬粥，文火燉到快天亮的時候，臘八粥也煮好了。粥做好後，要先供奉祖先和神佛，之後送給親友，然後才全家一起吃。

　　有的地方還要祭祀門戶、窗口、井灶、園林。院子裡種著花卉和果樹的人家，還要在樹幹上塗抹一些臘八粥，據說這樣果樹可以豐茂多果。江南的臘八粥和北方大略相同，《武林舊事》中說，寺院及人家用胡桃、松子、乳蕈、柿、栗之類做成

臘八粥。

　　臘八這天，人們除了喝臘八粥，還要藏冰、造臘酒、醃白菜、做臘八豆腐、泡臘八蒜。藏冰是北方地區特有的習俗，北京人在臘八之前就把冰鑿成方形，在臘八這天放入冰窖，之後將冰窖封固。南方一般藏臘水，臘八的臘水不易壞，可以釀醋。

　　臘八豆腐是安徽黟縣的民間風味特產，以上等黃豆做成豆腐，切成圓形或方形後抹鹽水，在豆腐上挖一小洞，放入適量鹽，在冬日溫和的太陽下慢慢烤曬，使鹽分逐漸吸入，水分也漸曬乾，這種自然曬制而成的豆腐就被稱作「臘八豆腐」。臘八蒜是北方小菜，就是把蒜瓣兒放到瓶罐中，加醋封口後放在陰涼處。不久蒜瓣便會變綠，最後會變得通體碧綠如翠玉，吃起來則酸辣辛香，為民間百姓的佐食佳品。

　　香噴噴的臘八粥泛著米香、果香，喝下一碗，清香甜美，配著脆爽鮮嫩的小菜，讓人們肚子裡溫暖而又熨帖。臘八節這一天，遠方的遊子所想起的不僅是母親那雙巧手，還有小時候自己幫著母親選豆子時的情景。

　　臘八粥的豆子，要選那些最飽滿、最圓潤和最好看的。那些看起來沒差別的豆子，其實都千姿百態，每一顆都融進了美

味的臘八粥裡，讓遠在異國他鄉的遊子們無比留戀和思念。如普希金所說的那句詩：「在異鄉，我虔誠地遵守著祖國的古老風習。」

兩千多年前的這一天，中國的先民們圍繞簇擁著那些扮作動物或農神的巫師，祈禱叩首，酣暢飲酒，載歌載舞……子貢對此不以為然，而孔子卻說，那是農人獨特的快樂。子貢雖知禮，卻忽略了狂歡也是一種充滿美感的儀式。

千年已逝，古代聖賢的智慧已化作一種更為內斂的基因和氣質，融合在中國人的血脈之中。從歲終大祭到臘八吃粥，隨著人間的滄海桑田，臘八也早已不同往昔。古人臘祭的巫儺狂歡，那震耳欲聾的聲聲呼喝留在了遙遠的歷史深處，今人只有從典籍中才能聽到隱隱回聲。

如今的臘八，家家煮粥，果米馨香。群體性的狂歡氛圍似乎消失無影，只有溫醇的粥香，伴著萬家炊煙裊裊於空中，圍繞著小家庭的和樂與滿足，描畫出一幅天地人和的悠然景象。

祭灶節

祭灶詞　　宋・范成大

古傳臘月二十四，灶君朝天欲言事。

雲車風馬小留連，家有杯盤豐典祀。

豬頭爛熟雙魚鮮，豆沙甘松米餌圓。

男兒酌獻女兒避，酹酒燒錢灶君喜。

婢子鬥爭君莫聞，貓犬觸穢君莫嗔。

送君醉飽登天門，勺長勺短勿復雲。

乞取利市歸來分。

農曆臘月二十三或二十四這天，是人們「送灶神」的日子，民間也叫「祭灶節」。祭灶跟古代「五祀」祭禮有關，祭灶習俗在先秦時就已經流行，漢唐時代也有頗多臘月祭灶求福的故事。人們備辦各種祭品，祭祀與自己朝夕相伴的灶神。因為這天也意味著新年的火熱開端，所以也被稱為「小年」。

中國人供奉灶王爺已經有兩千多年的歷史，但關於灶王爺的身份，卻不甚明瞭。傳說中的灶神，有說是掌管火種之神的祝融，也有說是以火德管理天下的炎帝，還有說是張子郭、吳

回、張奎等，五花八門，並無確定。「一盞清茶一縷煙，灶君皇帝上青天」。

《送灶詩》把「灶神升天」的情形寫得頗為飄逸灑脫。事實上，這個掌管著一家子大事小情的「一家之主」灶神，在平常卻不怎麼受人們重視，還長年累月地被煙熏火燎，搞得灰頭土臉，憋了一肚子的氣，尋思著要在玉帝面前好好告上一狀。晉葛洪《抱朴子·微旨》說：「月晦之夜，灶神亦上天白人罪狀。」

小年祭灶

　　民間傳說，小年這天，灶神要離開人間，上天宮給玉帝匯報人間的善惡功過，玉帝會於臘月二十五下界，親自考察人們的品行，以降禍福。為了讓灶神「上天言好事」，家家都要在這天恭恭敬敬地祭祀灶神，謹言慎行，小孩子們都不能說罵人話，唯恐招來懲罰與不祥。

　　早晨起來，人們就開始打掃房子。聽老人們講，灶神是以畫塵為手段記錄人間事件的，只要在灶神上天言事之前把家中的煙塵和灰土清掃乾淨，壞事情的記錄就被抹掉了。也有人在送完灶神之後清掃屋舍，理由也一樣充分：神靈們都上天宮議事去了，百無禁忌。舊時，百姓人家的灶君神像都貼在廚房鍋灶正面的牆上。

　　灶君神像一般都是木板彩印的紙像，有單個兒坐主位的灶君，衣著鮮艷，神色富態，笑容可掬，旁邊還畫著馬兒、童子或者一些小神。神龕上貼的對聯是「上天言好事，下界保平安」，橫批則是「一家之主」。還有一種是灶君夫婦神像，北方人親切地稱其為灶王爺和灶王奶奶。

　　祭灶是男人的事情，女人不能祭灶，也不能看。天一黑，院子裡就立長桿子懸掛天燈，家裡的男孩子放起了鞭炮，在鞭炮聲中，男主人將供品擺在灶王像前的供桌上，點上蠟燭和線香，祈禱行禮後，把灶王像從牆上揭下來燒掉。祭灶的供品，漢魏時用黃羊，宋朝用豬頭、米餌和鮮魚，明朝時大多用糖餅、黍糕、棗栗、胡桃、炒豆等素食。清朝時用羹湯灶飯、糖瓜糖餅，還要用香糟炒豆水盂奉祀馱著灶王爺上天的灶馬。

　　祭灶的時候，有人會祈禱說：「辛甘臭辣，灶君莫言」。也有人唱祭灶歌道：「灶王爺，本姓張，今天是臘月二十三，騎著馬，挎著筐，秫秸草料備停當。送你老人家上西天，人間好事要多說，明年下界降吉祥。」

　　祭祀之後，剩下的糖瓜被男孩搶走了，但家中的女孩卻不能吃，據說吃了會長「黑嘴圈」。所謂糖瓜，也叫灶糖。魯迅先生曾經寫過《庚子送灶即事》：「隻雞膠牙糖，典衣供瓣香。家中無長物，豈獨少黃羊。」這種膠牙糖就是北方人所說的糖瓜了。

　　臘月二十之後，街市上就出現了好些賣「糖瓜」的商販，孩子們催促著父母快些買回糖瓜來。「糖瓜」是一種用黃米和

麥芽熬製成的黏性很大的糖，抽拉為長條的是「關東糖」，扁圓的叫「糖瓜」。糖瓜本來有點軟，冬天把糖瓜放在屋外，凝固後的糖瓜變得堅實起來，裡面有些微小的氣泡，吃起來脆甜香酥，別有風味。

圖中是清代賣灶糖的小販，這些灶糖分為兩種形狀，圓的叫做「糖瓜」，長條的則是「關東糖」。

　　祖母說，灶王爺吃了香甜可口的灶糖，心裡舒服，自然會在玉帝面前多說好話。還有人說灶糖很黏，粘住了灶王爺的嘴巴，他上天就張不開嘴巴說人間的壞話了。

　　南方的祭灶習俗與北方並無太大差別。這天也是男人祭灶，女人則吃素齋戒。祭灶節的頭一天，寺院的僧尼就給信眾分送「灶經」，據說寫家主名字焚燒後可以禳災。有些僧道還做「仙術湯」贈送給信眾服用。杏林醫館則以屠蘇袋、同心結

和諸色保養湯劑送給日常往來的主顧。街頭上的乞丐們臉上塗著粉墨，有的裝扮成鬼判官的樣子，有的扮演灶公灶婆，手裡拿著竹枝，鳴鑼擊鼓，在街市上手舞足蹈，沿著人家的門口，驅儺討喜，乞討錢米，叫作「跳灶王」。

　　百姓家中祭灶的食品有米粉裹豆沙的粉團、糯米花糖和糖元寶（也就是膠牙糖）。南方還有染成五色的灶糖，配上玉乳茶上供，絢如煙霞，清香四溢。送走灶神，人們都長舒了一口氣，彷彿完成了一個重大的任務，接下來就是要迎接轉眼在即的除夕夜和新年了。一些有適婚女兒和兒子的人家，忙著在這幾天張羅親事，據說趁著諸神升天言事的「亂歲」之際娶嫁，百無禁忌。

灶神的民間相

　　灶神究竟是誰呢？有刨根問底的研究者總結之後，大致有三種說法。

　　一說灶神是上古的帝王或帝王後裔死後所變。《淮南子·氾論》：「故炎帝於火而死為灶。」《禮記·禮器》則說：「顓頊氏有子曰黎，為祝融，祀以為灶神。」說上古帝王為灶神，

多少有點不恭，炎帝怎可屈尊去煙熏火燎的廚灶呢？至於祝融，既然已經是令人敬畏的火神了，這小小灶神，估計他有點委屈。

二說灶神為鬼怪精靈。《莊子·達生》中說灶中有鬼叫「髻」，後人註解說灶神是一位身穿紅衣的美女，名字叫作髻。《荊楚歲時記》說，灶神叫蘇吉利。

除了灶神為美女說，還有說灶神是一個擅長做飯的老婦人，說她是主司廚房烹調事務的女神。這應該和古代女子下廚有極大關係，既然家裡的女人們是在廚間煮飯烹飪的，那麼灶神是女人便也無可厚非，這也與後世的「灶王奶奶」之說有異曲同工之妙。

傳說灶王奶奶是玉皇大帝的小女兒，體貼窮苦人，後來因違抗父命而下嫁灶王，成了灶王奶奶，繼續幫助貧苦百姓，深受人們愛戴。當然這個傳說可能是七仙女傳說的流變。

三說灶神是凡人死後變成的。《酉陽雜俎·諾皋記》中說，灶神叫張單，又名隗，字子郭，是一個貌如美女的男子。他的妻子小名叫卿忌，兩人生有六個女兒。傳說張單是一個薄情浪子，家中富有但是變心休妻，因紈褲敗家最後落得乞討的下場，被前妻所救後，因羞慚而鑽入灶內，成為灶神。山東地方所供

的灶神，有兩位灶王奶奶，一位是灶神的前妻丁香，一位是後妻海棠。這也和山東地區所流傳的故事版本有關。

在一些祭灶所用的畫像中，灶神和灶王奶奶是並排坐在一起的。既然二人是夫妻，共同管理灶房的事務，又怎能不一起接受人間的供奉呢？

相比典籍中的記載，鄉間的百姓更喜歡貼近生活的故事，而這類故事傳入民間，就更具鮮活的生命力，詼諧有趣，深入人心。傳說有一戶張姓人家有兄弟兩個：哥哥是個泥瓦匠，弟弟是個畫師。哥哥拿手盤鍋台，鄰居們東街請，西坊邀，都誇獎他壘灶手藝高。天長日久就出了名，方圓百里的鄉親都尊稱他為「張灶王」。張灶王古道熱腸，凡遇上不平的事情都願意管上一管，遇上吵鬧的媳婦他要勸，遇上凶蠻的婆婆他也要說。

後來，左鄰右舍誰家有了事都找他幫忙，大家都很尊敬他。

張灶王整整活了七十歲，壽終正寢時正好是臘月二十三日深夜。老人家一去世，張家便亂了套，原來張灶王是一家之主，家裡事都聽他吩咐，現在張灶王離開人間，弟弟張畫師只會詩書繪畫，雖已花甲，卻根本不曾理過家。幾房兒媳婦都吵著要分家，張畫師被攪得無可奈何，整日愁眉苦臉。

某天夜裡，他苦思冥想，終於想出個好辦法。來年的臘月二十三，張灶王亡故一週年祭日那天，張畫師突然在深夜裡呼叫著把全家人喊醒，說是張灶王顯靈了。張畫師將全家老小引到廚房，只見黑漆漆的灶壁上，飄動著的燭光若隱若現顯出張灶王和他已故妻子的容貌，家人都驚呆了。

張畫師說：「我睡覺時夢見大哥和大嫂已成了仙，玉帝封他為『九天東廚司命灶王府君』。你們平素好吃懶做，妯娌不和，不敬不孝，鬧得家神不安。大哥知道你們在鬧分家，很氣惱，準備上天稟告玉帝，年三十夜裡下界來懲罰你們。」兒女姪子媳婦們聽了這番話，驚恐不已，立即跪地連連磕頭，並取來張灶王平日愛吃的甜食供在灶上，懇求灶王爺饒恕。

從此後，經常吵鬧的叔伯兄弟和媳婦們再也不敢爭執，全

家平安相處，老少安寧度日。這事被街坊鄰友知道後，一傳十、十傳百，都趕來張家打聽八卦。其實，臘月二十三夜裡灶壁上的張灶王，是張畫師預先繪製的，他假借張灶王顯靈來鎮嚇兒女侄媳，沒想到此法果真靈驗。

當鄉鄰來找張畫師探聽情況時，他只好假戲真做，把畫好的灶王像分送給鄰居們。如此一來，沿鄉流傳，家家戶戶的灶房都貼上了張灶王的畫像。隨著歲月流逝，就形成了臘月二十三給灶王爺上供、祈求闔家平安的習俗。

灶神在中國人的心目中，並不太具有古代神靈的威嚴，他似乎就生長在人們瑣碎而悠長的日常生活之中，有點小肚雞腸、愛打小報告的樣子。這樣的灶神卻也親切，只要人們給他供奉點糖瓜素麵就又開心起來。

在老百姓眼裡，民間灶神的形象和七品芝麻官較為相像，人們懼怕天帝的嚴厲和懲處，但偏偏有些小瞧甚至欺負管著家裡廚灶的神靈，心裡說：你呀，不過是假藉著老虎耍威風，是個「狐假虎威」的主兒，送灶的時候稍微討好一下也就罷了。這樣的心理不能說好，但也迎合了普通人的世俗價值觀。

除夕

守歲　　宋·蘇軾

欲知垂盡歲，有似赴壑蛇。

修鱗半已沒，去意誰能遮。

況欲系其尾，雖勤知奈何。

兒童強不睡，相守夜歡嘩。

晨雞且勿唱，更鼓畏添撾。

坐久燈燼落，起看北斗斜。

明年豈無年，心事恐蹉跎。

努力盡今夕，少年猶可誇。

除夕是中國人最重視、最珍愛的節日之一，也許可以說，除夕是中國節日之魂。除夕一般在臘月三十或者二十九這天，百姓也稱「年三十」。關於除夕的記載最早見於西晉周處的《風土記》，有「達旦不眠，謂之守歲」的記載。

民間傳說，古時候有一個叫作「夕」的妖怪，能帶來災疫，常在臘月裡出來害人，每逢此時，人們就擊鼓驅趕牠。後來，有一位勇敢的英雄在臘月三十這天除掉了「夕」，此後，人們

就把這天叫作除夕，並形成了燒避瘟丹、蒼朮、埋鎮宅石、分壓歲錢、放爆竹、飲屠蘇酒和丟百病的驅邪風俗。

到了明清乃至近代，古時那種危懼的心理不復存在，除夕之夜成了闔家歡慶的節日，更多表達了家人團聚、盡享豐年的興盛與繁華。屆時紅燈高懸，爆竹連天，家家戶戶吃團圓飯、飲美酒，等待著新年到來的一刻。

入臘辦年貨

明清時，進了臘月之後，朝廷各部官署封印，梨園戲館封台，私塾散館，放年學。鄉村俗諺道：「新年來到，閨女要花，小子要炮」，家家都開始尋思著置辦過年的年貨了。

小年之後，城市和鄉村的街市、集鎮上都在鬧年鼓，放爆竹。人們「咚咚」地敲起臘鼓，舉行驅鬼送神的儀式迎接新年。也有敲著鑼鼓的小孩子，戴著鬼臉面具做儺戲，又增加了幾分年味。擺攤兒的、開店的地方更是熱鬧非凡，人擠著人，其中年貨包括雞鴨魚肉、茶酒油醬、南北炒貨、糖餌果品等。此外，人們還要準備去親友家拜年時贈送的禮品，老人的過冬帽子、孩子的新衣玩具、男人的襪套鞋靴、女人的珠翠衣料等也要採

買充足，好暖暖和和地在家裡過一個肥年。

舊時北京的「年市」上，熟食店裡有豚蹄雞鴨。南貨鋪子裡頭有瀏陽的花炮，也有海參魚翅燕窩和各式乾果蜜餞雜拌兒。藥王廟的蜜供玲瓏剔透，酥脆香甜。酒肆藥鋪裡賣酒糟、蒼朮、避瘟丹等。賣零食的商販肩背大筐，吆喝著叫賣，筐裡裝有核桃、柿餅、棗、栗子、花生和乾菱角米。

還有賣肥野雞、關東魚、野貓、野鶩、醃臘肉的。賣年畫、門神、掛千、燒紙、金銀箔、錁子黃錢的。賣窯器瓷碗、香爐燭台的。賣糖果點心、鞭炮皇曆的。還有賣花洞子裡熏的「唐花」，小孩存錢用的「悶葫蘆」。

其實臘月裡，物價比平時要高許多，故而老北京有諺語說「臘月水土貴三分」。但人們就是求個全家開心，圖個吉利喜慶，過年不買，還要等到什麼時候呢？所以每個人都特別慷慨，喜氣盈盈，大包小包地購置年貨回家過年。

春聯、福字與年畫

除夕清早，父親帶著兒子到大門口貼春聯和門神。門神是威風凜凜的神荼鬱壘，春聯則是從「年市」上精心挑選的，一

邊貼還一邊欣賞：「向陽門第春常在，積善人家慶有餘。」旁邊的鄰居也出門貼春聯，兩家拱手互賀。年畫、福字、掛千和窗花則是媽媽帶著丫頭們貼，年畫故事遙遠，人物景色斑斕，讓懵懂的孩子頗為著迷。

　　簡單的早飯後，小姊妹們聚在一起，跟著巧手的老奶奶學著剪窗花和福字，有「春到人間」、「喜鵲登枝」、「歲寒三友」、「劉海戲蟾」等各種樣式，花鳥人物，惟妙惟肖。五顏六色的掛千在房梁處微微搖擺，新糊好的窗紙上貼了大紅的窗花和福字，在冬日裡顯得異常明艷。南宋時，有人在街頭看見一個民間少年，能在袖中剪紙，且花色極為精妙絕倫，令人歎為觀止。

春聯與門神

　　春聯最初起源於唐末五代，盛行於明清至今。最早的春聯是由桃符發展而來的，清代《燕京歲時記》上記載：「春聯者，即桃符也。」五代十國時，宮廷裡即有人在桃符上題寫聯語。而據《宋史·蜀世家》記載，後蜀主孟昶曾命臣子寫桃符賀春，但並不滿意，後來自己寫了「新年納餘慶，嘉節號長春」。到了宋代，桃符由桃木板改為紙張，叫作「春帖子」或「春聯」。明清的時候，出現了用紅箋紙寫就的吉語春聯。

　　桃符原是用來驅邪之物，據《後漢書‧禮儀志》記載，桃符長六寸，寬三寸，上面寫著降鬼大神「神荼」、「鬱壘」的名字。傳說上古的時候，度朔山有一個地方叫作鬼域，那裡住著鬼魂和神荼鬱壘兩兄弟。鬼域的山上有一棵巨大的桃樹，樹蔭如蓋，樹上落著一隻金雞。

　　夜晚去人間遊蕩的鬼魂必須在清晨雞叫之前返回鬼域，否則就會受到看管鬼域大門的神人——神荼和鬱壘的懲罰。如果鬼魂被發現做了壞事，就會被綁著送去餵虎。於是，人們為了威懾鬼魂，就用桃木刻成兩位神人的模樣，或者在桃木上寫著神荼和鬱壘的名字，掛於家中辟邪去惡，稱其為桃符。

　　唐朝以後，除了原有的神荼和鬱壘，民間又流行以秦叔寶和尉遲敬德兩位唐代武將為門神，這和唐太宗夜晚夢鬼的傳說有關。

　　明代吳承恩所寫《西遊記》中說，唐太宗時，涇河龍王因與算卦的袁守誠打賭，違反天條，行雨時間未按天令而將被斬首。因太宗的臣子魏徵被天帝命為監斬官，涇河龍王便托夢求太宗救他。太宗於是拉魏徵下棋，好使他錯過斬首時間。誰知魏徵在下棋的過程中打了一個盹，真魂上天斬了龍王。龍王之

魂因此日夜糾纏太宗，使得太宗不勝煩憂，難以入眠。後來由秦叔寶和尉遲敬德兩員猛將把守宮門，這才安然入睡。民間由此流行貼白臉秦叔寶和黑臉尉遲敬德的畫像以驅邪。

隨著明清小說的流行，歷史名將和傳說人物都出現在門神紙上：比如《封神演義》裡的趙公明和燃燈道人，《東周列國志》裡的孫臏龐涓，《三國演義》裡的關羽張飛、趙雲馬超，《楊家將演義》裡的孟良焦贊。

清朝時，桃花塢又出現了岳飛元帥的五彩門神像。這些門神都是萬夫莫敵的大英雄，身穿全副鎧甲，手執矛戟佩劍，怒目圓睜，相貌猙獰，用以鎮鬼驅邪，保居家之平安。

新春福到

過年時，大紅的「福」字也是中國一景兒。唐朝的時候，民間就流行貼一種「宜春帖」：紅綠色的紙張上寫著「宜春」、「吉利」、「發財」等吉祥話，顏色看著也鮮艷喜慶。清朝皇帝經常寫「福」字賞賜給近臣，以示恩惠。

有人說，甲骨文中的「福」字是人雙手捧著酒的形態，有酒喝就是有福。也有人說，「福」的右邊是「一口田」，一個人有自己的田地，可以憑此吃飯，可不就是有福氣嗎。

　　無論怎麼說，福是新禧中一抹獨特的紅。鮮艷火紅的福字就像一朵大紅的牡丹似的，綻放在人家的屋門、牆壁、門楣、衣櫃、米缸和水缸上。

紅紙上寫的吉祥話，為除夕之日增添了喜慶。當春聯和福字貼滿千家萬戶，新年的味道就愈發的濃了。

　　富貴人家的福字，還別緻地鑲嵌在各式圖案中，如壽星壽桃、龍鳳呈祥、五穀豐登、鯉魚跳龍門，趣味又喜氣。窮苦的人家，過年也要自己剪幾個「福」字貼上。

　　傳說姜子牙封神的時候，他那在人間的惡妻也要求封神。姜子牙說：「因你嫁給我，讓我窮了一輩子，那就封你當窮神吧！」這個婦人懊喪地問：「封我為窮神，那我可以到什麼地方去接受供奉呢？」姜子牙說：「有福的地方都不能去。」這件事傳開後，怕受窮的老百姓就都在大門上貼「福」字，以使

窮神不能接近自家。

　　這樣的傳說雖然大半是後人杜撰，但它給人們所帶來的心靈慰藉，是溫潤而綿長的。還有的人家不僅要貼「福」字，還要倒著貼。路過的人說一句：「呀，福倒（到）了！」主人就暗自笑開了花，意即討個口彩。

　　「福到」也有故事，說是某年春節，恭親王府的大管家分派眾家丁佈置王府，張貼春聯年畫門神福字。為了討好福晉，特意準備了好些精緻漂亮的「福」字，誰知那個負責貼「福」字的家丁不識字，將「福」字貼倒了。恭親王和福晉見到後，甚為生氣，認為這是犯了霉氣，命人鞭打此家丁。幸虧大管家心地善良且能言善辯，說：「奴才聽外面的人都說恭親王和福晉壽高福大，如今福真的到（倒）了，這是吉慶之兆啊。」

　　恭親王和福晉聽了，認為頗有道理，於是轉怒為喜，各自賞了管家和家丁五十兩銀子。此事傳出去後，也有許多人家傚傚，把「福」字倒著貼，希望真的能把福氣帶回家。

　　值得一提的是，有些「福」字四周還裝飾有蝙蝠的圖案。蝙蝠本來是黑暗中的陰森生物，怎麼會變成了福氣的代表呢？這也是中國人愛玩「諧音」遊戲的產物：一隻蝙蝠叫作「有福」，

兩隻蝙蝠稱為「雙全」，五隻蝙蝠飛入人家則為「五福臨門」。

《書‧洪範》中說到中國人心目中的五福，「一曰壽，二曰富，三曰康寧，四曰攸好德，五曰考終命」。其實有無福氣，每個人心中都有著自己的標準和定義，太平盛世，妻賢子孝，兒孫滿堂，這都是有福。在知足善良的中國百姓內心深處，除夕夜全家人能平安地團聚一堂，便是最大的福氣了。

燦爛年畫

年畫起源於門神畫，在宋朝已經出現，而「年畫」這個詞則出現於清代。《東京夢華錄》裡記載：將近過年的時候，市井裡會印賣門神、鍾馗、灶馬和紙畫等新年貼的民俗畫。這個紙畫就是年畫，但還並不叫年畫。

中國現今所存的最早年畫是南宋的《隋朝窈窕呈傾國之芳容》，民間稱其為《四美圖》，所畫的是王昭君、班昭、綠珠和趙飛燕。元代有用梅花點染的冬至「消寒圖」，明代，十一月宮中多掛綿羊引子畫帖。三十日歲暮，室內懸掛福神、鬼判、鍾馗等畫。從北宋到明代，過年時都有吉祥驅邪的畫帖。清朝時，北京人把年畫叫作「衛畫」，指的是著名的天津楊柳青年畫。杭州人叫「歡樂圖」，四川稱「斗方」，蘇州稱為「畫張」。

　　明清時期，因刻板技術的發展，年畫的種類繁多，顏色絢
爛。中國有幾個馳名的年畫生產地：天津楊柳青，江蘇桃花塢，
山東濰坊和廣東佛山。歲暮之時，北京街市的繁盛地方，賣年
畫的商販搭起席棚，俗稱「畫棚子」，女人、孩子都爭相購買。

　　畫著梅花鹿、蝙蝠在桂花樹下的，叫作「福祿雙全」或者
「福生貴子」。畫著憨態可掬的胖娃娃抱著鯉魚的，叫作「吉
慶有餘」。畫著搖錢樹和聚寶盆的，叫作招財進寶。還有鍾馗
像、福祿神、虎頭、和合二仙圖等等。

不同的家庭，根據家境和個人愛好可選擇不同的年畫。例如這幅《五穀
豐登》圖，就是鄉民百姓家喜愛的類型。

　　買什麼年畫也有講究，譬如詩書之家多買《十八學士登瀛
洲圖》，經商之家買《財源茂盛》、《八仙慶壽》，鄉民百姓
家買《四季平安》、《五穀豐登》，女孩子青睞《天河配》、《白

蛇傳》，男孩子愛買《三顧茅廬》、《鴻門宴》，老奶奶最喜熱鬧的《老鼠娶親》，少婦們多選《百子嬉春圖》、《瀟湘二妃》。

民間年畫表現了民俗生活的豐富，雖然不是陽春白雪，但卻以其異彩紛呈的故事和柔麗嫵媚的色彩開出了別有根芽的民間藝術之花，成為新年裝飾點綴中不可缺少的一筆燦爛之色。

假如一個不曾在中國感受過「年」的人問你：「過年到底什麼樣子？」也許你一時答不上來。不過，你可以給他看中國的春聯、門神、年畫、福字、掛千和窗花。這些美好的民間工藝品會告訴他，中國人的新年，蘊藏著怎樣的人間溫情、多姿文化以及鄉土風味。而中國年的視覺感受，集中呈現在紅火的春聯、吉祥的福字、威武的門神和旖旎的年畫中。

最香最美年夜飯

除夕是忙碌的一天。清代宮廷裡，皇帝寅時起床，到養心殿的東西佛堂上香。皇帝每經過一個門，太監就放一個炮仗，這是向十方各處請來神佛。皇帝的早膳則為黃米飯一品，掛爐肉、燕窩芙蓉鴨子、青酒燉鴨子熱鍋、八仙碗燕窩蘋果燴肥雞、

青白玉碗額思克森鹿尾醬、金戧碗碎剁野雞、琺瑯盤竹節卷小饅首、琺瑯盤蕃薯、年糕小菜等二十一種菜品。

　　百姓人家清晨起來，先是要清掃房舍，灑掃祠堂捨宇，整齊祭器，擦抹什物。也有人家早在臘月二十七、二十八就清掃沐浴過了，年三十這天略微收拾一番，營造出一份溫馨而濃郁的過年心情。父親兄長在院子裡鋪上芝麻秸，全家人都出去踩，叫作「踩歲」，取長命百歲和步步高升之意。

臘月二十五之後，街上出現了賣芝麻秸和松柏枝的小販，各家各戶買了這些東西，在除夕當天踩碎，取的是「踩歲」之意。

　　母親把家人一年吃剩下的藥扔到門外，藥方也在火盆焚燒掉，叫作「丟百病」。小孩子拿著母親煮熟的紅雞蛋「賣懶」，一半兒自己吃掉，一半兒分給大人，叫著「賣蛋賣蛋，懶蛋滾蛋」。賣完懶的孩子，則表示新的一年要變得勤勞聽話，不會

再懶惰了。

張羅著貼完春聯、掛千、年畫、福字和門神之後，主婦們開始熱火朝天地忙著準備一年一度的「年夜飯」。白如雪的饅頭、黃或白的年糕、現磨的豆腐、新鮮的殺豬肉、南方人醃製的臘味和各式祭品茶果早在臘月裡就已經準備停當。

廚房裡，切菜、剁餃子餡的聲音遠近相聞，肉菜湯飯熱氣氤氳，濃香撲鼻。正屋裡陽光斜照，窗台上擺著紅如煙霞的梅花，與美麗的窗花、福字遙相呼應。八仙桌上擺著碧綠瑩白的水仙，清雅之色如同洛水之神。牡丹艷冠群芳，金橘清香雅致，滿座芬芳溫香撲鼻，令人不禁陶醉其中，愜意悠然。

這個時節，北方的鮮花都是賣花人在花洞子暖室裡用火熏烘出來的，叫作「唐花」，品種有紅梅碧桃、迎春水仙、牡丹芍藥、茉莉薔薇，買回來擺在家裡或者送給朋友，都顯得情趣高雅，讓人心生喜愛。

老人家頭上戴一朵紅絨「福」或「壽」，喜氣盈腮。少婦們鬢邊戴著草、絹編成的山茶花，風姿綽約。小丫頭們也別著一朵小小的紅月季絨花，俏麗可愛。連平日裡威嚴的父親也穿上了嶄新的藍布大褂，嚴肅的神情中露出隱隱笑意。

　　天剛剛擦黑，鄰家相熟的男孩們早已聚在一塊，互相炫耀著彼此擁有的花炮。把花炮放在門口或者路中間，用線香點著了，先是刺刺的火星，然後那金銀色調的火花就噴灑而出，讓孩子們興奮得拍手歡呼。還有大人們所放的架子盒煙火，噴出來有珍珠簾、長明燈、仙女散花、鴛鴦戲水……頓時五光十色，空氣中滿是硫黃的味道，把月亮的光輝都掩住了。

　　六朝以來，過年放爆竹已成風俗。唐宋時，放爆竹已成為節日的必備常例。明清時期，紙做的鞭炮開始流行，人們以爆竹驅儺、送神迎神和接待拜年的客人。

　　天色越黑，鞭炮聲越緊。各家的庭院裡燃起了火盆子，裡面是松柏枝子、南蒼朮、吉祥丹和柴火等，叫作「燒松盆」，在古代稱為「庭燎」，意為以煙火之氣祭祀上天，南北都有此俗。

　　古籍中描寫杭州除夕夜燒松盆的美景，說「紅光萬道，炎焰火雲」。南方人家燒松盆時，要架起齊屋高的松柴，用火把點燃後，遠觀則光影交錯，在夜色中燦爛如紅霞。藉著松盆的火光，老婆婆用木杖扑打灰堆，祈禱來年事事「如願」。

　　《錄異記》中說到「如願」的故事：有一個叫作區明的商

人，因常常以錢財祭祀湖神，湖神青洪君為報答他，許他一件寶物。區明說：「我只想要如願！」青洪君一聽，很不捨得，原來如願是青洪君心愛的侍女，但因一言既出，只好割愛。區明帶如願回家後，無論什麼事對如願說，都能實現。有一年元旦，如願起床晚了，區明便打了如願，如願離開，進入穢土堆中。區明用杖擊打土堆，呼喚如願，但她卻再也沒有回來。後世人們便由此而打灰堆、祈如願。

　　湯顯祖《過年》詩云：「華年當此夕，兒女足喧闐。盡燭延親客，長筵奉祖先。」在鞭炮聲中，大人們開始懸掛祖宗影像，列桌案，焚藏香，繫天燈，掛琉璃，接神祭祖。有佛龕神像的人家就在佛堂，沒有的就在院中設臨時的「天地桌」，供奉諸天神聖全圖，供品有蜜供、套餅、麵鮮、肉丸魚丸、烤肉豬蹄、水果乾果、年糕饅頭、素餃素菜、蒸食年飯等。

　　南方講究的人家祭祖，要用市場上買回的一種巨型「盤龍饅頭」，饅頭上有一條蜿蜒的盤龍，上面還插著各式吉祥的象徵物，這是專門用來過年祭祖祀神的。另外還有黃白色的年糕，形狀有如元寶，外皮鑲著瓜子仁，裡面包著大棗。大家族中祭祖迎神的場面非常壯觀，紅燭高燒，香煙繚繞，莊嚴肅穆，由

家長帶領子孫行叩祭禮。

　　如《紅樓夢》第五十三回寫寧國府除夕祭宗祠：「只見賈府人分昭穆排班立定：賈敬主祭，賈赦陪祭，賈珍獻爵，賈璉賈琮獻帛，寶玉捧香，賈菖賈菱展拜毯，守焚池。青衣樂奏，三獻爵，拜興畢，焚帛奠酒，禮畢，樂止，退出。眾人圍隨著賈母至正堂上，影前錦幔高掛，彩屏張護，香燭輝煌。上面正居中懸著寧榮二祖遺像，皆是披蟒腰玉。兩邊還有幾軸列祖遺影。

圖為《紅樓夢》中寧國府除夕祭祖的情形，一定程度上展現了清代大戶家族過年時的隆重場面。

　　賈荇賈芷等從內儀門挨次列站，直到正堂廊下。檻外方是賈敬賈赦，檻內是各女眷。眾家人小廝皆在儀門之外。每一道菜至，傳至儀門，賈荇賈芷等便接了，按次傳至階上賈敬手中。賈蓉系長房長孫，獨他隨女眷在檻內。每賈敬捧菜至，傳於賈蓉，賈蓉便傳於他妻子，又傳於鳳姐尤氏諸人，直傳至供桌前，

方傳於王夫人。王夫人傳於賈母，賈母方捧放在桌上。邢夫人在供桌之西，東向立，同賈母供放。直至將菜飯湯點酒茶傳完，賈蓉方退出下階，歸入賈芹階位之首。

凡從文旁之名者，賈敬為首，下則從玉者，賈珍為首，再下從草頭者，賈蓉為首，左昭右穆，男東女西，俟賈母拈香下拜，眾人方一齊跪下，將五間大廳，三間抱廈，內外廊簷，階上階下兩丹墀內，花團錦簇，塞的無一隙空地。鴉雀無聞，只聽鏗鏘叮噹，金鈴玉珮微微搖曳之聲，並起跪靴履颯沓之響。」

祭祀祖先、神明和接灶之後，就要開始吃團圓飯了。這個時候，各家都要放爆竹。成百上千的小鞭炮編在一起的長鞭，連響的霸王鞭，混雜在一處，響聲震耳欲聾，人在對面說話都聽不見聲音。

清代皇宮的除夕團圓大宴有冷膳、熱膳，共六十三品，還有兩副雕漆果盒、四座蘇糕、鮑螺以及各式葷素甜鹹點心。最引人注目的是全羊宴，這也是滿族食俗。《清稗類鈔》裡說，羊的全身部位都可以製作美味，如蒸、烹、炮、炒、爆、灼、熏、炸等烹調方法，可以製成湯、羹、膏等，有甜、鹹、辣、椒鹽等各種口味，號稱一百零八品。

　　百姓人家的團圓飯雖然不如皇宮奢華，但也極盡其能，菜品也各有寓意。北京人的年飯是大米和小米一起煮熟的金銀米，上面插著松柏枝，用金錢、棗、栗、龍眼、香枝點綴，寓意「金銀滿盆」。酒則多為椒花和屠蘇。

　　漢代人用芬芳的椒花和青柏葉子泡製椒柏酒，唐宋時，人們大多喝以草藥配製的屠蘇酒。這兩種酒都有祛寒避瘟、強身益體的效用。年夜飯的菜餚則講究「四四見底」，大戶人家一般有自家的廚子，也有臨時聘請酒店大師傅到府上一顯身手的。

　　芥末墩兒、肉皮凍兒、五彩花生米。熱炒如紅燒鯉魚、蔥燒海參、清炒蝦仁兒、燴魷魚菜。肉菜有米粉肉、四喜丸子、紅燜肘子、回鍋肉。湯菜為燴三鮮、奶湯乾絲、玉米全燴、八寶涮鍋等。百姓人家沒有這等排場，但至少也有「四碟八碗」的家常菜，如炸丸子、醬肘子、紅燒肉、糖醋排骨、清燉雞、米粉肉、清蒸魚等。魚和雞一般都要有的，象徵著「年年有魚」和「吉慶如意」。不能回家團圓的人，家裡人也會為他在團圓桌上留出位置，擺上碗筷，意即天涯咫尺，親人同慶。

　　北方人要吃餃子，也叫「更歲餃子」，有淨肉餡、三鮮餡的，還有豬肉白菜、羊肉蘿蔔，吃素的也有香油豆腐菠菜餡。

富人家的餃子裡面包著金銀小錁，百姓家包錢幣花生，吃到的人來年順利平安。

南方人則多吃湯圓、餛飩、炒或煮的年糕、八寶飯和各式燒臘美味。《金陵歲時記》中說，南京人除夕要吃「十景菜」，把醬姜、胡蘿蔔、瓜、金針菜、木耳、冬筍、白芹、醬油干、百葉和麵筋十種食材切成細絲後用油烹炒。還有馬齒莧做的「安樂菜」，黃豆芽做的「如意菜」等。

著名漫畫家、散文家豐子愷先生在《新年懷舊》一書中寫到自己家鄉浙江崇德吃完年夜飯後的趣俗：「吃過年夜飯，母親趁孩子們不備，拿出預先準備的老毛草紙向孩子們的口上揩抹。其意思是把嘴當成屁股，這一年裡即使有不吉利的話出口，也等於放屁，不會影響事實。

但孩子們何嘗懂得這番苦心？我們只是對這種惡戲覺得有趣，便模仿母親，到毛廁間裡去拿張草紙來，公然地向同輩甚至長輩的嘴上亂擦。被擦者絕不憤怒，只是掩口而笑，或者笑著逃走。於是我們拿起草紙，朝後追趕。不期正在追趕的時候，自己的嘴卻被第三者用草紙揩過了。於是滿堂哄起熱烈的笑聲。」

紅燭燈影守歲時

　　除夕夜，人們還要點燈熬夜，稱為「守歲」，此俗於東晉時便已出現。古代的除夕，皇帝要賜宴守歲，君臣一起辭舊迎新。唐太宗在《守歲》詩中吟道：「暮春斜芳殿，年華麗綺宮。寒辭去冬雪，暖帶入春風。階馥舒梅素，盤花卷燭紅。共歡新故歲，迎送一宵中。」民間守歲則更有年味，吃過年夜飯，全家人圍坐在火爐旁，聊天遊戲，共享天倫。

　　「一夜連雙歲，五更分二年。」半夜正交子時，蘇州人家能聽到楓橋寒山寺傳來的洪亮鐘聲，當鐘聲穿過沉沉夜色，傳到千家萬戶時，新的一年便開始了。

　　此時，中國的大江南北都響著鞭炮聲。晚輩要給長輩磕頭拜年辭歲，長輩則要給晚輩壓歲錢。小孩子稚嫩的嗓音喊著「爺爺奶奶過年好，新年吉祥」，對面笑得合不攏嘴的祖父祖母就會遞上厚厚的紅包──錢數只能是雙數，不能為單。

　　壓歲錢最早起源於宋朝，南宋吳自牧《夢粱錄》中說，除夕夜裡，小兒女用盤盒器具盛著果品食物互相饋贈，叫作「壓歲盤」。另外，古人還有吃「壓歲果子」的習俗，人們把荔枝、柑橘等果品壓在枕頭下面，等到初一早上吃掉，以祈吉祥如意。

清朝宮中及貴族官宦之家給的是盛有金銀錁錠的宮制荷包，《燕京歲時記》中則說，「以彩繩穿錢，編作龍形，置於床腳，謂之壓歲錢。尊長之賜小兒者，亦謂之壓歲錢。」

現如今，壓歲錢多是用紅紙包裹的錢幣。壓歲錢一般要壓在枕頭下面，至於這麼做的原因，有人說是為了賄賂「年獸」、「小鬼」等邪祟，讓孩子不受侵擾。家中的老奶奶會給孩子們講「壓祟」的故事：傳說古代有一個叫「祟」的妖怪，除夕夜裡摸睡熟的小孩的腦門，被摸過的孩子就會發燒生病，甚至變傻。大人為了保護孩子，就燃燈達旦，稱為「守祟（歲）」。

有一戶人家，夫妻倆老年得子，十分珍愛。年二十晚上，為防止「祟」來侵擾便一直逗孩子玩。一家人用紅紙包了八枚銅錢，包了又拆，拆了又包，大人孩子實在睏倦便睡著了，紅紙包著的八枚銅錢就放在枕邊。

半夜裡，一陣陰風吹過，妖怪「祟」來了，正要摸孩子的頭，突然，孩子的枕邊迸出一道金光，「祟」尖叫著逃跑了。這件事傳開後，家家戶戶在大年夜都用紅紙包上錢給孩子，「祟」就不敢再來打擾小孩子了。人們把這種錢叫「壓祟錢」、「祟」與「歲」發音相同，日久天長，就成了後來的「壓歲錢」。

　　過了子時，爆竹聲仍不絕於耳。燈燭輝煌處，男人們先是款斟慢飲，漸次談至興濃，不覺觥籌交錯起來，大戶人家還要同時聽戲取樂。女眷們或擊鼓傳花講笑話，或飲酒斗牌，如紙牌、骨牌和麻將等。小兒女們自在吃喝、笑鬧遊戲：棗子寓「春來早」，柿餅寓「事事如意」，蘋果寓「平平安安」，長生果則寓「長生不老」。所玩的遊戲如圍棋、象棋、擲骰子和「藏鈎」等。

守歲是全家人聚在一起共敘天倫的時間。人們聊天講笑話，吃些珍饈果品，玩各種遊戲，在歡聲笑語中迎來新的一年。

　　所謂「藏鈎」，就是一方拿出一個戒指、扳指、頂針等小玩意兒藏起來，另一方四處翻騰尋找。「藏鈎」遊戲相傳起源於西漢，漢武帝出巡燕趙之地時，聽人說武垣城有一個趙姓絕色美女，只是雙手的拳頭緊握不能鬆開，被人稱為「拳女」。漢武帝好奇去一看究竟，見趙氏女果然十分美貌，光彩奪目，只是兩手攥成拳頭，隨行的人無論如何都掰不開。

　　等漢武帝親自去掰，尚未用力，手就伸展開了，手心中還藏著一枚精巧的玉鉤。眾人都稱奇不已。這個趙氏「拳女」，就是漢武帝後來的寵妃，漢昭帝之母鉤弋夫人，此後民間便形成了「藏鉤」之戲。

　　與親人一起過除夕，是何等幸福愜意之事。而對於客居異鄉、無法歸家團聚的遊子來說，除夕夜的蕭索和惆悵又是難描難書的刻骨：「故鄉今夜思千里，愁鬢明朝又一年。」白居易在《客中守歲》中寫道：「守歲尊無酒，思鄉淚滿巾」。崔塗在《巴山道中除夜書懷》中寫道：「那堪正漂泊，明日歲華新」。戴叔倫在《除夜宿石頭驛》中寫道：「一年將盡夜，萬里未歸人」。

　　有丈夫遠行未歸的，家中的妻子便要在除夕之夜「鏡聽」：尋一面古鏡，用錦囊裝著，獨自拜向灶神祈禱，出門之後，以聽到人家所說的第一句話來占卜在外丈夫的凶吉，若是偶然聽到人家的吉祥語，便高興得無以言表了。

　　夜漸漸深了，爆竹聲也逐漸稀疏起來，鬧得最歡實的小孩子也熬不住睡著了。屋子裡的陰影處，大瓷瓶裡插著的松柏枝掛滿了古錢、元寶、石榴樣式的絨花和各色剪紙，這是用來財

的「搖錢樹」。藏香味道濃厚，使得室內的每一個角落都溢滿了觸鼻的芬芳。院子裡，松盆火色漸熄，留著幾星微紅。

掛在門外的一對紅燈籠輕輕蕩漾著，照亮了一天一地的紅。燈籠上百鳥朝鳳的花紋凸顯著，鳥兒們彷彿要飛起來，而燈籠裡的香蠟安坐在紅色的燈籠房子裡，慢慢地燒著，陪著這除夕的夜晚，也陪著世間幸福或者苦難的人們。

「三百六十五個夜晚，最甜最美的是除夕。風裡飄著香，雪裡裹著蜜。春聯寫滿吉祥，酒杯盛滿富裕……」所有這一切，似乎在提醒著深夜中睡眼矇矓的人們，除夕夜是如此與眾不同，它濃縮了最紅火的色調，最香美的食物，最甘甜的酒水和最幸福的瞬間。

中國人對除夕眷愛，不僅為這熱鬧而甜美的夜晚，也為那黎明時來臨的春天，更為除夕之夜所喚醒的那些孕育在四季深處的時間種子，它們一點點地發芽，生長，茂盛，每一片葉子、每一朵花、每一顆果實都飽含著人間的情味，傳承著炎黃子孫世世代代的年節喜悅、人生夢想與生命感悟。

※為保障您的權益，每一項資料請務必確實填寫，謝謝！

姓名			性別	□男　□女
生日	年　　　月　　　日		年齡	

住宅地址	郵遞區號□□□

行動電話		E-mail	

學歷

□國小　　□國中　　□高中、高職　　□專科、大學以上　　□其他＿＿＿＿

職業

□學生　□軍　□公　□教　□工　□商　□金融業
□資訊業　□服務業　□傳播業　□出版業　□自由業　□其他＿＿＿＿

謝謝您購買 **你必須知道的中國節日故事** 與我們一起分享讀完本書後的心得。務必留下您的基本資料及電子信箱，使用我們準備的免郵回函寄回，我們每月將抽出一百名回函讀者，寄出精美禮物以及享有生日當月購書優惠！想知道更多更即時的消息，歡迎加入"永續圖書粉絲團"

您也可以使用以下傳真電話或是掃描圖檔寄回本公司電子信箱，謝謝！

傳真電話：（02）8647-3660　　電子信箱：yungjiuh@ms45.hinet.net

●請針對下列各項目為本書打分數，由高至低5～1分。

　　　　　　　5 4 3 2 1　　　　　　　　　　5 4 3 2 1
1. 內容題材　□□□□□　　2. 編排設計　□□□□□
3. 封面設計　□□□□□　　4. 文字品質　□□□□□
5. 圖片品質　□□□□□　　6. 裝訂印刷　□□□□□

●您購買此書的地點及店名＿＿＿＿＿＿＿＿＿＿＿＿＿＿＿＿＿＿＿＿

●您為何會購買本書？

□被文案吸引　　□喜歡封面設計　　□親友推薦　　□喜歡作者
□網站介紹　　　□其他＿＿＿＿＿＿＿＿＿＿＿＿＿＿＿＿＿＿＿

●您認為什麼因素會影響您購買書籍的慾望？

□價格，並且合理定價是＿＿＿＿＿＿＿　　□內容文字有足夠吸引力
□作者的知名度　　　□是否為暢銷書籍　　□封面設計、插、漫畫

●請寫下您對編輯部的期望及建議：

221-03

新北市汐止區大同路三段194號9樓之1

傳真電話：（02）8647-3660
E-mail：yungjiuh@ms45.hinet.net

培育

文化事業有限公司

你必須知道的中國節日故事

培養文化育智心靈的好選擇